Sabine Rennefanz

Frauen und K

Sabine Rennefanz

FRAUEN UND KINDER ZULETZT

Wie Krisen gesellschaftliche Gerechtigkeit herausfordern

Ch.Links VERLAG

Auch als ebook erhältlich

Die Deutsche Nationalbibliothek verzeichnet diese Publikation in der Deutschen Nationalbibliografie; detaillierte bibliografische Angaben sind im Internet über www.dnb.de abrufbar.

Ch. Links Verlag ist eine Marke der
Aufbau Verlage GmbH & Co. KG

www.christoph-links-verlag.de
Prinzenstraße 85, 10969 Berlin, Tel.: (030) 44 02 32-0
Umschlaggestaltung: zero-media.net, München
Satz: Nadja Caspar, Ch. Links Verlag
Druck und Bindung: Druckerei F. Pustet, Regensburg
Gedruckt auf säurefreiem, chlorfrei gebleichtem Papier

ISBN 978-3-96289-149-7

INHALT

BAZOOKA VERSUS WASSERSPRITZPISTOLE

Eine Einleitung

Dieses Buch ist an fünf verschiedenen Schreibtischen entstanden. Schreibtischen, die andere Frauen großzügig für mich freiräumten und mir damit den Raum und die Zeit gaben, die ich zum Schreiben brauchte. Ich bin nicht die Einzige, für die es seit Beginn der Coronapandemie schwierig ist, einen ruhigen Ort zu finden, um zu arbeiten. Vielen Frauen, die Kinder haben, geht es genauso. Zuletzt saß ich an einem wunderschönen alten Holztisch mit Blick auf den Arkonaplatz in Berlin-Mitte. Auf dem Fensterbrett stand eine Briefwaage. Es war ein schwarzer Magnet mit einer silbernen Aufschrift daran befestigt. »Never, never, never give up« stand darauf.

Am Anfang der Pandemie im März 2020 schien es, als müsste man das gesellschaftliche Leben lediglich für eine gewisse Zeit herunterfahren. Es war, als handele es sich um eine vorübergehende Unannehmlichkeit, wie einen Stromausfall, den man mit Kerzen schnell überbrückt und die Dunkelheit auch ein bisschen romantisch findet. Danach schaltet man das Licht wieder an, und alles geht weiter wie bisher, eine kleine, kurze Unterbrechung der Normalität. Dann verging Woche für Woche, ohne dass sich etwas änderte. Das heißt, alles veränderte sich, nur das Licht blieb aus.

Im Mai 2020, die Schulen und Kitas waren seit März geschlossen, es wurde gerade über die Öffnungen von Friseuren und Möbelhäusern diskutiert, warnte die Soziologin Jutta Allmendinger in der Talkshow von Anne Will vor den Folgen der Pandemie: »Die Frauen werden eine entsetzliche Retraditionalisierung erfahren. Ich glaube nicht, dass man das so einfach wieder aufholen kann und dass wir von daher bestimmt drei Jahrzehnte verlieren.« Drei Jahrzehnte: Das wäre Anfang der 1990er Jahre. Damals waren in Westdeutschland gerade mal die Hälfte der Frauen erwerbstätig, es gab kaum Kindergärten und Krippen. Vergewaltigung in der Ehe war kein Straftatbestand. Anfang der Neunziger – das war vor allem für ostdeutsche Frauen eine Zeit der Rückschritte. Um Frauen aus dem Arbeitsmarkt herauszudrängen, wurden nach 1990 Horte und Kitas geschlossen, Betreuungszeiten gekürzt, Elternbeiträge erhöht.

Jutta Allmendinger stützte sich auf eine gerade erschienene Studie, die zeigte, dass sich die Zahl der Frauen, die sich ausschließlich um die Kinder kümmern, im ersten Lockdown von acht auf 16 Prozent verdoppelt hatte. Jede vierte Frau gab im April 2020 an, wegen der Kinderbetreuung ihre Arbeitszeit zu reduzieren, bei den Männern taten das nur 13 Prozent. Ihre Aussage löste eine Debatte aus, die aber bald im Sand verlief. Mütter und Väter erhielten im Herbst 2020 einen Kinderbonus in Höhe von 300 Euro. Schweigegeld, wie es die Autorin Mareice Kaiser nannte.

Wie die Hoffnung auf eine rasch vorübergehende Unterbrechung der Normalität, gab es am Anfang der Pandemie auch die Hoffnung, dass die Coronakrise zu mehr Egalität führen könnte. Zwischen Frauen und Männern, Arm und Reich, Alt und Jung. Es war eine Zeit, in der viele dachten, wir würden uns auf die wirklich wichtigen Dinge besinnen durch die allgemeine Bedrohung, die vor niemandem Halt macht. Die Krise, so die Vorstellung, könnte bestehende Unterschiede, wie zum Beispiel bei der Verteilung der Sorgearbeit, abbauen. Wenn nun durch die Pandemie alle gleichzeitig zu Hause seien, würden Väter sehen, wie viel Arbeit im Haushalt zu erledigen ist, und sich stärker einbringen. Die Krise als Gleichberechtigungsbeschleuniger. Eine schöne Geschichte.

Es muss irgendwann zwischen Frühjahr und Herbst 2020 gewesen sein, als klar wurde: Die Krise würde nicht zu mehr Egalität führen. Ganz im Gegenteil, sie würde die mühsam errungenen Fortschritte gefährden.

Ich habe beim Schreiben dieses Buches meine Mutter vermisst. Als ich meine anderen Bücher schrieb, lebte sie noch. Meine Mutter hatte keine Berufsausbildung. Sie war Hausfrau. Sie las viel, verpasste keine politische Talkshow im Fernsehen. Als ich im Alter von 16 Jahren anfing, kleine Artikel für die Lokalzeitung zu schreiben, war sie meine eifrigste Leserin. Sie hat mir das Vertrauen in meine eigenen Worte gegeben. Ich konnte mit ihr über alles reden, sie war meinungsstark, aber offen für Argumente. Ihr Wissen, ihr Blick auf die Welt fehlen mir. Ich denke daran, wie sie immer in ihrem Wohnzimmer saß, zwischen den alten Möbeln. Und auf dem Tisch stapelten sich Zeitungen und Bücher. Was würde sie zu diesem Buch sagen?

Wir waren oft nicht einer Meinung. Als ich einmal in einer Kolumne über die Schwierigkeit der Vereinbarkeit von Beruf und Familie schrieb, meinte sie: »Ihr wollt zu viel und so schnell, ihr seid so ungeduldig.« Ihr, das war meine Generation. Ich hätte gern mit ihr über Olaf Scholz' Bazooka diskutiert. So nannte der ehemalige Finanzminister und heutige Bundeskanzler das Konjunktur- und Krisenbewältigungspaket, das im Juni 2020 verabschiedet wurde. Es umfasste Maßnahmen mit einem finanziellen Gesamtvolumen von 167,4 Milliarden Euro.

Die Politikwissenschaftlerin Claudia Wiesner hat das Konjunkturpaket für das Leibniz-Informationszentrum Wirtschaft durchforstet und festgestellt, dass 73 Prozent der Gesamtausgaben an Branchen gegangen sind, in denen mehrheitlich Männer arbeiten. Nur 4,2 Prozent des Gesamtfinanzvolumens entfallen auf Branchen und Bereiche, in denen überwiegend Frauen vertreten sind. Die Arbeit von Männern wurde als systemrelevant angesehen, aber nicht die von Frauen. Während für Männer die Bazooka herausgeholt wurde, gab es für Frauen eine Wasserspritzpistole. Oft nicht mal die.

Weltweit haben Frauen allein im Jahr 2020 800 Milliarden Dollar an Einkommen verloren. Das hat die Entwicklungshilfeorganisation Oxfam vorgerechnet. 800 Milliarden Dollar, das ist das Nationaleinkommen von 98 Ländern. In Brasilien hatten im April 2020 weniger als die Hälfte der Frauen einen Job, das war der niedrigste Wert in 30 Jahren. In Australien verloren zehn Prozent der Frauen ihre Stellen. In Japan wurde doppelt so vielen Frauen wie Männern gekündigt. In den USA gaben zwischen März und April 2020 3,5 Millionen Frauen mit Kindern im Schulalter ihren Job auf. Im September 2021 nannte der Wirtschaftsdienst Bloomberg die Coronakrise »den größten Rückschlag für die Gleichstellung seit einhundert Jahren«. Im Englischen spricht man von einer »She-Session«, einer weiblichen Rezession.

Auch in Deutschland belastet die Krise Frauen stärker als Männer, wirtschaftlich, psychologisch, mental. Laut der Studie des Leibniz-Informationszentrums Wirtschaft erleiden Frauen stärkere Erwerbseinbußen in der Pandemie als Männer – und das, obwohl sie schon vor der Krise quer durch alle Branchen rund ein Fünftel weniger verdienten.

In den Bereichen, in denen es viele Minijobs gibt, Gastronomie, Einzelhandel, Tourismus, Kultur, arbeiten vorwiegend

Frauen. Die Minijobs fielen durch die Schließungen während des Lockdowns weg, und es gab für sie auch keinen Ersatz. Nirgendwo arbeiten so viele Frauen wie im Gesundheitswesen, 77 Prozent der Beschäftigten sind weiblich. Das Pflegepersonal wurden zwar am Anfang beklatscht, daraus folgte aber wenig. Mittlerweile haben Zehntausende den Beruf verlassen.

Wollen wir zu viel? Will ich zu viel? Ich wollte immer mehr als meine Mutter. Sie war es, die mich dazu ermutigte. Meinem Bild einer emanzipierten Frau entsprach sie nicht. Heute weiß ich, dass sie mir als Kind Struktur und Halt gab. Sie füllte mein Leben mit Gerüchen, Geschmäckern und Energie. Am Ende ihres Lebens bekam sie 272, 34 Euro Rente. Ich bin weicher geworden ihr gegenüber, mein Blick auf sie hat sich verändert, durch ihren Tod, aber auch durch das Schreiben dieses Buchs. Ich habe darin gesellschaftliche Verhältnisse reflektiert, aber auch meine eigenen. Die Frage, inwieweit man sich selbst von traditionellen Rollenmustern gelöst hat, spielt in einem der Kapitel eine zentrale Rolle.

Ich habe mit einigen Menschen über dieses Buch gesprochen, als ich es plante. Manche waren nicht überzeugt, dass es so ein Buch braucht, wie beispielsweise der Beamte eines Bundesministeriums, den ich über meine Arbeit als Journalistin kennengelernt hatte. Die Pandemie habe ihm, wie er mir bei einem Mittagessen sagte, hervorragende Arbeitsbedingungen geboten. »Ich habe so viel geschafft wie nie, weil es keine Ablenkungen gab, man konnte jeden Tag bis Mitternacht arbeiten.« Andere Menschen haben mich unterstützt, gaben wichtige Hinweise, Anregungen und ihre Erfahrungen weiter. Marion, eine Kinderkrankenschwester, die in Brennpunktvierteln Frauen und Kinder betreut, zählt dazu. Ohne sie wäre das Kapitel über diejenigen, die in der Krise Hilfe am allernötigsten brauchen, nicht möglich gewesen.

Ich habe ein Kapitel über gesellschaftliche Solidarität geschrieben. Als ich Kind und Jugendliche war, brach die Gesellschaft, in der ich aufgewachsen bin, zusammen. Die Folgen beschäftigten Deutschland in den vergangenen 30 Jahren, und ich erinnere mich noch, wie lange es dauerte, bis dieser Zusammenbruch der ostdeutschen Gesellschaft überhaupt artikuliert wurde. Solidaritätszuschlag hieß treffenderweise eine Abgabe, die 1991 eingeführt wurde, um die Kosten der Wiedervereinigung zu bezahlen.

Einen Zuschlag an Solidarität hatten sich auch viele zu Beginn der Pandemie erhofft. Ich beschreibe, warum daraus nichts wurde und was das über den Zustand unserer Gesellschaft aussagt. Das Virus trifft eben nicht alle gleich, sondern erhärtet vorhandene Ungleichheiten, zwischen Mann und Frau, Arm und Reich, Alt und Jung. Beim Schreiben darüber hatte ich das Gefühl, Margaret Thatcher schaut mir über die Schulter und zieht kritisch, aber auch ein bisschen selbstgerecht, die Augenbrauen hoch. Warum? Sie hat die Existenz von Gesellschaft infrage gestellt, und als wir mitten in der Pandemie steckten, kamen mir selbst Zweifel. »There is no such thing as society«, lautet das berühmte Zitat Thatchers, das als Ausdruck neoliberalen Denkens gilt. Ich stimme ihr nicht zu. Es gibt eine Gesellschaft, aber sie ist angriffen, ihr Zusammenhalt seit Langem gefährdet. Was müssen wir tun, damit bei der nächsten Krise die Bedürfnisse aller Bevölkerungsteile berücksichtigt werden?

Im Flugzeug gibt es vor dem Start diese Sicherheitsübung, und das Personal erklärt, welche Sicherheitsposition man im Fall einer Notlandung annehmen solle: den Kopf nach vorne beugen, den Körper zwischen die beiden Sitzreihen klemmen, Hände über den Kopf verschränken. Brace, brace. So sitzen wir seit zwei Jahren.

Die Lasten dieser zwei Jahre tragen vor allem Frauen und Kinder. Für Kinder ist Corona nicht nur eine Momentaufnahme, sondern eine prägende Erfahrung. Das UN-Kinderhilfswerk Unicef veröffentlichte zu seinem 75. Geburtstag im Dezember 2021 einen erschütternden Bericht und nennt die Pandemie die größte Krise für Kinder seit der Gründung der Organisation. Seit Ausbruch der Coronakrise sind 100 Millionen Kinder weltweit zusätzlich von Armut betroffen. Errungene Fortschritte seien in Gefahr: die Senkung der Ungleichheit, die Verbesserung der körperlichen und mentalen Gesundheit, der gerechte Zugang zu Bildung. Durch die Schulschließungen und Kontaktbeschränkungen hat sich vor allem die psychische Gesundheit von Kindern verschlechtert. Es gibt Anzeichen, dass die Zahl der Suizide unter Jugendlichen zunimmt. Laut einer Befragung im Auftrag von Unicef vom Oktober 2021 unter 15- bis 24-Jährigen ist jeder Fünfte häufig deprimiert. In Deutschland ist es jeder Vierte.

Laut Organisation für wirtschaftliche Zusammenarbeit und Entwicklung, kurz OECD, gab es in Deutschland zwischen März 2020 und Mai 2021 an über 180 Tagen keinen regulären Unterricht. In einigen Bundesländern waren Schüler der 7. bis 12. Klassen von Mitte Dezember 2020 bis Mai 2021 nicht in der Schule. Wie groß die Lernverluste sind, dazu gibt es bisher nur Schätzungen. Unbestritten ist: Die Kinder und Jugendlichen, die schon vorher Schwierigkeiten hatten, sind durch das Homeschooling weiter abgehängt worden. Ich habe mich in einem meiner Kapitel unserem Bildungssystem und der Frage gewidmet, warum in Deutschland die Einschränkung von Schule und Kita zur wichtigsten Maßnahme der Pandemiebekämpfung wurde.

Noch ein Wort zum Homeoffice an dieser Stelle: Es funktioniert in der Krise nicht. Aus der Vorstellung von mehr Flexibilität für Frauen und der Vereinbarung von Beruf und Familie, die sich mit dem einst cool und modern klingenden Wort verband, ist in den letzten zwei Jahren eine Art Fünfziger-Jahre-Hausfrau-Modell geworden, nur mit Twitter-Account. In meinem Kapitel »Vom Homeoffice zum Heimbüro« beschreibe ich warum.

Jedes der neun Kapitel dieses Buchs steht für sich. Ich analysiere in ihnen, welche für das Funktionieren unserer Gesellschaft wichtigen Bereiche in der Pandemie besonders benachteiligt worden sind, wie Bildung, soziale Arbeit, Familie, und warum Frauen und Kinder so leicht an den Rand gedrängt werden konnten. Ich erkläre, warum es strukturelle Gründe dafür gibt, dass Kinder bei politischen Entscheidungen übersehen werden, und warum die fehlende Generationengerechtigkeit in der Coronakrise exemplarisch für künftige Konflikte steht.

Manch einer wird beim Lesen dieses Buchs vielleicht fragen, warum so kritisch, wo bleibt die Hoffnung, der Aufbruch? Ich kann verstehen, dass man in der Krise nach dem Aufbruch sucht. Davon schreibe ich am Schluss. Ich habe das Kapitel trotz meiner kritischen Bilanz »Ausblick« genannt. Denn ich glaube, nur wenn man die Augen vor den Konflikten, den Wunden der Gesellschaft nicht verschließt, sieht man, wohin es gehen muss.

Januar 2022

WIR SITZEN (NICHT) ALLE IN EINEM BOOT

Warum es in der Krise rund um die Uhr Verlierer und Gewinner gibt

Am Anfang der Coronapandemie hieß es: Wir sitzen alle im selben Boot. Das Virus trifft uns alle gleich. Die Bundesregierung appellierte an Gemeinsinn und Rücksichtnahme. Es verbreitete sich eine Atmosphäre der Empathie. Man war aufeinander angewiesen, es gab eine gegenseitige Schutzbedürftigkeit. Vielen Menschen schien dieser Gedanke zu gefallen. »Social Distancing« lautete das Motto der Stunde, körperlicher Abstand, reduzierte Kontakte, um innerlich näher zusammenzurücken. Manch einer träumte sogar davon, dass Corona eine Chance ist: auf Entschleunigung und zur Überwindung der Vereinzelung. Ein Ende der Gesellschaft der Singularitäten. Es gab die Hoffnung, dass es zu einer Neuentdeckung eines fast vergessenen Wertes kommt: Solidarität.

Woher kam diese geradezu euphorische Hoffnung? Sie schien sich aus einer großen Sehnsucht nach Gemeinschaft, Verbundenheit und der Idee eines neuen »Wir« zu speisen. Und sie bricht mit der Coronapandemie zu einem Zeitpunkt hervor, als sich in westlichen Gesellschaften die Grundauffassung durchgesetzt hatte, dass wir am Ende einer langen Periode stehen, die in den 1980er Jahren mit Margaret Thatcher und Ronald Reagan begann und in Deutschland mit Gerhard

Schröder und Angela Merkel endete. Man nennt diese Phase gemeinhin Neoliberalismus. Dahinter steckt die Idee, dass eine funktionierende Gesellschaft eine Gesellschaft starker Individuen ist, die all ihr Denken und Handeln ökonomischen Maximen unterordnen. Ziel aller Politik ist es gewesen, die Rechte und die Bildung des Einzelnen zu stärken. Der Aufstieg des Neoliberalismus fiel zusammen mit einer »Selbstverwirklichungsrevolution«, ein Begriff des Soziologen Andreas Reckwitz. Sie begann in den 1970er Jahren: Pflichterfüllung galt als überkommen, das Lebensziel wurde die Selbstentfaltung und die Stärkung der eigenen Bedürfnisse.

»There is no such thing as society« lautet der berühmte Satz von Margaret Thatcher, der als Ausdruck neoliberalen Denkens gilt. Sie äußerte ihn in einem Interview mit der britischen Frauenzeitschrift *Woman's Own* im Jahr 1987. Auf Nachfrage der *Sunday Times* veröffentlichte Downing Street den Satz ein Jahr später nochmal. »Zu vielen Kindern und Erwachsenen ist vermittelt worden: ›Ich habe ein Problem, also ist es die Aufgabe der Regierung, es zu lösen.‹ Sie übertragen ihre Probleme auf die Gesellschaft. Aber wer ist die Gesellschaft? So etwas wie Gesellschaft gibt es nicht.« Sie berief sich damit auf Ronald Reagan, der schon 1981 in seiner Antrittsrede gesagt hatte: »Die Regierung ist nicht die Lösung Ihrer Probleme. Die Regierung ist das Problem.« Thatcher und Reagan regierten, ungefähr zur selben Zeit, zwei der einflussreichsten Länder der Welt. Sie als Premierministerin des Vereinigten Königreichs, er als Präsident der Vereinigten Staaten.

Auch in Deutschland hieß es, durch den Mauerfall, die Wiedervereinigung und den damit einhergehenden Wegfall gesellschaftlicher Alternativen etwas verspätet, in den neunziger und den beginnenden 2000er Jahren: Sei deines Glückes Schmied! Stärker als je zuvor setzte die wiedervereinte Bundesrepublik auf weniger Staat und mehr Verantwortung jedes Einzelnen. Es war die Zeit, in der die Hartz-IV-Gesetze entwickelt wurden und im Gesundheitswesen die Privatisierung Einzug hielt. Überall wurde von Verschlankung geredet. Alles drehte sich um Unternehmensumsätze, BIP, Aktienkurse. Untermalt wurden die brutalen Einschnitte in den Sozialstaat von Appellen an Eigenverantwortung, wie zum Beispiel in der Bertelsmann-Kampagne »Du bist Deutschland«. In dem Werbespot, der im Fernsehen gezeigt wurde, geht es darum, dass die Menschen aufhören sollen, sich zu beschweren und stattdessen selbst aktiv werden. »Ein Schmetterling kann einen Taifun auslösen«, fabulierte die Fernsehjournalistin Sandra Maischberger. Viele Prominente, auch Fußballer oder Rapper, treten mit Messages darin auf, die etwa lauten: »Wie wäre es, wenn du dein Land wie einen guten Freund behandelst? Meckere nicht, sondern biete ihm deine Hilfe an!«

Die Maxime, dass jeder seines Glückes Schmied sei, wurde verinnerlicht und als Verpflichtung verstanden. Und wer kein Glück hat, benutzt eben das falsche Werkzeug, strengt sich nicht genug an oder macht sonst irgendetwas falsch. Hinter dieser Idee treten die Voraussetzungen zurück, mit denen jeder Schmied ans Werk geht: Herkunft, Klasse, Geschlecht. Die Verhältnisse, in die jede und jeder von uns hineingeboren wird, wurden zu individuellen Risiken gemacht. Nach 30 Jahren ist in Deutschland unübersehbar, dass diese Politik eher Spaltung, Entfremdung und soziale Ungleichheit hervorgebracht hat. Und ein Gesundheitssystem, das Krisensituationen nicht standhält.

Dass das Einzelkämpfertum des Neoliberalismus den sozialen Frieden und die Demokratie gefährdet, darüber hat sich der Soziologe Heinz Bude schon vor der Pandemie Gedanken gemacht. Solidarität entsteht erst dann, wenn Abhängigkeiten begrüßt, Verbindungen gepflegt und Verpflichtungen beherzigt werden, schreibt er in seinem Buch »Solidarität. Die Zukunft einer großen Idee«. In der Coronakrise wurde an einen Gemeinsinn appelliert, den es längst nicht mehr gab. Es wurde ein Begriff hervorgeholt, der vielen nichts mehr bedeutete. Und wenn es eine öffentliche Solidaritätsbekundung gab, verkam sie zu hohler Symbolik, wie das Klatschen für das Pflegepersonal. Es sollte Gemeinschaft und Anteilnahme entstehen, wo vorher Rücksichtlosigkeit und Egoismus geherrscht hatten.

Auf diesen Widerspruch machte die frühere Eiskunstläuferin Katarina Witt im Februar 2021 in einem langen Text aufmerksam. Sie veröffentlichte ihn auf Facebook. Wohl in der Hoffnung, dass ihn dort mehr und Menschen unterschiedlichster Herkunft lesen würden, als das bei klassischen Printmedien gemeinhin der Fall ist. Sie könne die Parole der Politik, wir säßen alle in einem Boot und müssten das gemeinsam durchstehen, nicht mehr hören: »Als Kapitän, inmitten eines Sturms mit meterhohen Wellen, kann ich doch nicht im Leuchtturm sitzen, mit Fernglas den Horizont nach Gefahrenquellen absuchen und Durchhalteparolen über Funk durchgeben, wenn der Mannschaft das Wasser bis zum Hals steht, die ersten schon untergegangen sind und dann mit trockenen Füßen sagen, wir sitzen alle im gleichen Boot.« Witt empörte sich über Regeln, die sich oft zwischen Bund und Ländern widersprachen, über nicht nachvollziehbare Entscheidungskriterien und über die Benachteiligung von kleineren mittelständischen Unternehmen gegenüber großen Firmen: »Die Bürger rudern verzweifelt und unterschiedliche Kapitäne geben ständig von oben verschiedene Kursänderungen durch.«

Ihr emotionaler Eintrag wurde zehntausendfach geteilt und geliked, er hatte offensichtlich einen Nerv getroffen. Einige Medien versuchten, Witt in das Lager der Coronaleugner zu stecken, doch die meisten Reaktionen waren positiv. Die mehrfache Olympiasiegerin wurde nach ihrem Wutausbruch in Talkshows eingeladen und diskutierte mit dem sächsischen Ministerpräsidenten Michael Kretschmer über Fairness in der Pandemie. Es schien, als müsste erst eine ehemalige DDR-Eiskunstläuferin kommen, um die Politik auf Ungerechtigkeiten in der Pandemiebekämpfung hinzuweisen. Ihr Beharren auf Gerechtigkeit wirkte sympathisch, rührend, aber auch ein bisschen aus der Zeit gefallen. Weil sich sonst kaum jemand um Gerechtigkeit in der Krise kümmerte? Vielleicht. Das Robert Koch Institut erfasste zunächst nicht einmal, welche sozialen Milieus von Corona besonders betroffen waren.

Stattdessen versuchten die damalige Bundeskanzlerin Angela Merkel und ihre Regierung, die Bekämpfung der Pandemie als gesamtgesellschaftliche Aufgabe zu vermitteln. So wie es ihr Nachfolger Olaf Scholz nun ebenfalls postuliert. Sein Auftritt während der Pressekonferenz zur Vorstellung des Koalitionsvertrags der Ampelregierung im November 2021 fühlte sich für mich an wie ein Déjà-vu. Allerdings ging er nicht so weit wie Merkel in ihrer Fernsehansprache vom 18. März 2020, als sie sagte: »Seit der Deutschen Einheit, nein, seit dem Zweiten Weltkrieg gab es keine Herausforderung an unser Land mehr, bei der es so sehr auf unser gemeinsames solidarisches Handeln ankommt.«

Ebenfalls im März 2020 schaltete das Bundesgesundheitsministerium einen Werbespot mit dem Titel »Zusammen gegen Corona«. Darin erklärten verschiedene Menschen, warum sie zu Hause bleiben. »Damit wir diese Zeit mit möglichst wenig Opfern überstehen«, sagte eine Frau in die Kamera. »Weil das Leben retten kann«, sagte ein Mann. »Damit Oma und Opa nicht krank werden«, sagten zwei Kinder. Die Solidaritätsappelle folgten politischen Zielen: Sie dienten dazu, vorhandene Spannungen in der Gesellschaft für kurze Zeit zu überdecken und die Bevölkerung zur Bekämpfung der Krise zu mobilisieren. In den ersten Monaten funktionierte das auch. Laut einer Befragung der Bertelsmann Stiftung, die im August 2020 herauskam, war der gesellschaftliche Zusammenhalt im Vergleich zur Zeit vor der Pandemie gewachsen.

Drei Wellen, überfüllte Krankenhäuser und über 100 000 Tote später geht im Oktober 2021 ein Video viral, dass eine verzweifelte ältere Dame aus dem Erzgebirgskreis zeigt, die weinend davon berichtet, wie viel Leid ihr Corona brachte. Sie machte nicht den Eindruck, als sei sie unsolidarisch gewesen, und dies war nun der Preis dafür. Seit über einem Jahr machten damals die Pflegerinnen auf ihre Überlastung in den Krankenhäusern aufmerksam, bettelten geradezu verzweifelt um Solidarität und wurden trotzdem einer weiteren Welle überlassen. Wie wäre es, wenn 77 Prozent des Personals männlich und nicht weiblich wären?

Die Rede von der Solidarität in der Krise ist zur Phrase geworden, eine leere Hülle des ursprünglichen Gedankens. Solidarität in der Coronapandemie heißt bis heute: die fehlenden öffentlichen Leistungen und die mangelnden Konzepte selbst zu kompensieren. Solidarität bedeutet in diesem Zusammenhang Eigenverantwortung. Oder anders gesagt: alles wie immer. Die neoliberalen Maßstäbe gelten weiter. Sie sollen auch in der Krise und ihrer Bewältigung oberstes Gebot bleiben. »Ich zuerst!« Ob es um die Reihenfolge der Öffnungen ging oder die Vergabe von Impf- oder Boosterterminen bevorstand: Es setzten sich diejenigen durch, die über mehr Zeit, Wissen und Kontakte verfügen. Durch immer neue Regeln werden neue Privilegien geschaffen. So entsteht kein Gemeinschaftsgefühl.

»Solidarität wird zum Ausfallbürgen einer öffentlichen Verantwortung für die Reproduktion des Sozialen und zum mikroskopischen Schmiermittel eines gesellschaftlichen Gestaltungsregimes, das sich gerade durch seine institutionalisierte Asozialität charakterisiert«, formulierte der Soziologe Stephan Lessenich im Sommer 2020. Das klingt etwas kompliziert, trifft aber den Kern: Jeder ist seit Beginn der Pandemie auf sich gestellt, muss gleichzeitig die Angst vor der Ansteckung mit den Anforderungen des Alltags ausbalancieren. Jeder muss sich jeden Tag wieder neu aus der Überforderung herausziehen, sich mit dem eigenen Verhalten und den politischen Entscheidungen auseinandersetzen. Das bedeutet nicht für jede und jeden dasselbe. Die Überforderung spüren vor allem diejenigen, die in der Gesellschaft auch vorher schon ökonomisch und sozial benachteiligt waren. Quer durch alle gesellschaftlichen Schichten sind das vor allem Frauen. Sie arbeiten mehrheitlich in Einrichtungen und Unternehmen, die in der Pandemie besonderen Belastungen ausgesetzt sind: in Krankenhäusern, in Kindergärten und Schulen, im Einzelhandel.

Die Bundesregierung hat es nicht geschafft, während einer Zeit von zwei Jahren aus der Pandemie zu lernen. Zwei Jahre! In dieser Zeit lernt ein Kind lächeln, sitzen, krabbeln, laufen, sprechen. In zwei Jahren kann man sein Abitur ablegen und danach ein freiwilliges soziales Jahr absolvieren. Es dauerte weniger als ein Jahr, um einen komplett neuen Impfstoff gegen das Coronavirus zu entwickeln. Was hat die Politik gelernt? »Es wurden bis heute keine nachvollziehbaren, effizienten Regeln eingeführt.« So sagte es Cornelia Betsch, Professorin für Gesundheitskommunikation an der Universität Erfurt und Leiterin des »COVID-19 Snapshot Monitoring« im November 2021 in der Fernsehsendung von Anne Will. Erst fehlte es an Masken, dann an einem Testkonzept und an einer durchdachten Impfstoffbestellung, erst wurde eine Impfpflicht lange kategorisch ausgeschlossen, dann von höchster Stelle befürwortet. Obwohl Angela Merkel von Anfang an auf das Impfen als Ausweg aus der Pandemie gesetzt hatte, verlor die Kampagne nach dem ersten Andrang den Schwung. Im Spätsommer 2021 wurden Impfzentren geschlossen und kostenlose Tests abgeschafft. Erst nach dem Regierungswechsel stieg die Zahl der Impfungen wieder, weil sich viele Menschen zum dritten Mal impfen ließen, aber auch an mehr Orten Erstimpfungen angeboten wurden.

Statt von Solidarität scheint die Politik bis heute von Angst getrieben zu sein. Der Angst vor Impfgegnern, der Angst vor mehr und mehr eskalierenden Demonstrationen gegen Coronamaßnahmen und der Angst vor Stimmenverlusten bei den Wahlen. Ein bisschen hofften wohl die meisten Politiker in den zurückliegenden zwei Jahren auch, die Krise würde sich von selbst erledigen. Klassisch neoliberal sozusagen. Sie überließen die Krise sich selbst, schickten sie in die Eigenverantwortung. Dass dabei nicht Erwachsene, sondern Kinder besonders eingeschränkt wurden, spielte keine Rolle. Kinder haben mitunter fünf Monate auf Präsenzunterricht und Freizeitbeschäftigungen verzichtet, sie müssen mit Masken den Unterricht absolvieren, regelmäßig Tests und Dauerlüften über sich ergehen lassen, während den Erwachsenen erst spät eine Testpflicht am Arbeitsplatz auferlegt wurde. Es dauerte eineinhalb Jahre, bis die Bundesregierung eine solche Regelung einführte. Auch Kinder sind, als Teil der Gesellschaft, sozusagen eigenverantwortlich. Ob und wie sie damit zurechtkommen? Glückssache.

Im Dezember 2020 entschied die Ministerpräsidentenrunde über die Schließung von Schulen und Kitas. In den Ländern mussten die Beschlüsse umgesetzt werden. Berlin schloss Schulen, hielt Kitas aber zunächst offiziell offen und bot eine sogenannte Notversorgung an. Eltern von Kitakindern bekamen einen Brief, in dem darum gebeten wurde, angesichts der steigenden Ansteckungszahlen die Kinder zu Hause zu lassen und sie nur bei »außerordentlichem Betreuungsbedarf« in die Kita zu schicken. Was sollte das heißen? Waren die Kitas auf oder zu? Was bedeutete ein außerordentlicher Betreuungsbedarf? Die Entscheidung wurde an die Eltern delegiert. Sie sollten entscheiden beziehungsweise sehen, wie sie zurechtkommen. Ein paar Tage später kritisierte die damalige SPD-Schulsenatorin Sandra Scheeres, dass die Kitas beim ersten Lockdown, im Frühjahr 2020, viel zu voll gewesen seien. Sie klang vorwurfsvoll.

Anfang Januar 2021 schloss der Berliner Senat die Kitas, nannte das aber nicht so, sondern sprach von »Notbetrieb«. Was war der Unterschied zwischen »Notversorgung« und »Notbetrieb«? Die Begriffe schienen sich gegenseitig aufzuheben. Selbst als jemand, der die Entscheidungen aus beruflichen Gründen aufmerksam verfolgte, sah ich kaum noch durch.

Nun hatten nur noch diejenigen einen Anspruch, die sich auf einer Liste mit sogenannten systemrelevanten Berufen wiederfanden – sowie Alleinerziehende und Eltern mit Kindern mit besonderem Förderbedarf. Die Liste wuchs zwischen Januar und April 2021 von 28 auf 31 Seiten an. Darauf fanden sich Berufe wie Förster oder Immobilienmakler. Ob ein Kind frühkindliche Förderung erhielt, darüber entschied die Wichtigkeit der Eltern für die Wirtschaft. Was war mit den Berufen, die nicht auf der Liste standen? Architekten zum Beispiel. Waren sie gesellschaftlich nutzlos?

Laut Berliner Bildungsprogramm ist das Ziel, dass möglichst viele Kinder in die Kita gehen. Kitas sollen nicht nur Betreuung garantieren, sondern frühkindliche Bildungseinrichtungen mit qualifiziertem Personal sein. Schon die Kleinsten sollen die ersten Schritte ihrer Bildungsbiografie professionell betreut bewältigen. Dass diese Liste der systemrelevanten Berufe eine

Abkehr von den Bildungszielen einer Kindertagesstätte bedeutet, sagte die Bildungssenatorin Scheeres nicht.

Die Liste rief viel Streit und Unmut hervor. Der Aushandlungsprozess, wer in den Genuss einer Betreuung für seine Kinder kommen kann, wurde auf die Kitaleiterinnen und Eltern abgewälzt. Sie mussten in dieser Situation entscheiden, wer wichtig für die Gesellschaft ist und wer nicht, wer belastet ist und wer nicht. Gleichzeitig mussten sie die maximale Obergrenze für die Gruppen einhalten. Was für eine Überforderung. Oft blieben die Kinder zu Hause, für die der Kitabesuch besonders notwendig gewesen wäre. Der Mangel an eindeutigen, nachvollziehbaren Regeln führte zu einer aggressiven Stimmung in vielen Einrichtungen und Misstrauen bei den Eltern. Mütter konnten es nur falsch machen: Gaben sie ihr Kind in die Kita, setzten sie Kinder und Mitarbeiter womöglich einem Risiko aus. Betreuten sie ihr Kind zu Hause, riskierten sie Ärger mit dem Chef oder den Kollegen wegen nicht erledigter Arbeiten.

Es zeigte sich ein Muster, das sich durch die gesamte Pandemiebekämpfung wie ein roter Faden zieht. Kinder haben sich solidarisch gezeigt, doch umgekehrt fragt niemand: Was schulden wir den Kindern? Stattdessen werden Kinder oft vergessen oder gar aus dem Kreis der Menschen herausdefiniert. Der damalige Außenminister Heiko Maas sagte im Juli 2021: »Wenn alle Menschen in Deutschland ein Impfangebot haben, gibt es rechtlich und politisch keine Rechtfertigung mehr für irgendeine Einschränkung.« Dass es für Kinder unter zwölf Jahren zu diesem Zeitpunkt noch keinen Impfstoff gab, kam Maas offenbar gar nicht in den Sinn. Insofern ist sein Statement exemplarisch für eine Haltung, die die Perspektive von Kindern kontinuierlich übersieht, und zwar aus der Position des überlegenen Erwachsenen heraus. Noch schärfer formulierte es Peter Dabrock, Theologe und ehemaliger Vorsitzender der Ethik-Kommission, im *Spiegel:* »Sind Kinder keine Menschen?« Dabrock fragte sich, wie man Kinder so übergehen kann: »Was ist das eigentlich? Schusselig? Naiv? Dreist? Ignorant? Empörend? Skandalös? Es ist in jedem Fall traurig und nicht nur, aber auch und gerade für Eltern: deprimierend.«

Manche reden von einer kinderfeindlichen Politik, ich glaube, die Ursachen gehen tiefer. Einen Feind nimmt man ernst, man behält ihn im Blick, man denkt ihn mit, man hält ihn in Schach. Ein Feind ist eine potenzielle Bedrohung. Kinder schaffen es nicht einmal in die Kategorie »Feind«. Was sollen Kinder für eine Bedrohung sein? In einer Welt, die alles auf seinen ökonomischen Nutzen prüft, haben Kinder wenig Bedeutung, da sie einerseits als Arbeitskräfte nicht zur Verfügung stehen, gleichzeitig aber auch als Konsumenten nicht genug Geld ausgeben. Und eine politische Stimme in Wahlen haben sie auch nicht. Welchen Rang Kinder in Deutschland haben, merkt man schon kurz nach der Geburt: Noch vor der Geburtsurkunde oder dem Kindergeldbescheid trudelt die Steueridentifikationsnummer vom Finanzamt für das Neugeborene ein. Das ist der erste Kontakt mit dem Staat, das Kind als Steuerzahler. Ansonsten sind Kinder Privatsache der Eltern.

Eltern haben versucht, die Lücken zu füllen, die die Verantwortungslosigkeit des Staats während der Pandemie gerissen hat. Sie besorgten Luftfilter für Kitas und Schulen, sie kauften Tests und Masken. Sie testeten ihre Kleinkinder freiwillig, sie organisierten privat Kinderimpfungen. Dabei handelt es sich um sogenannte Off-Label-Impfungen, bei denen Mütter und Väter die Kosten für mögliche Impfschäden zunächst hätten selbst tragen müssen. Was für ein Risiko! Aber Eltern sind das gewohnt. Viele strukturelle Probleme werden auf Einzelne übertragen, das zeigt sich vom Gesundheitswesen über das

Bildungssystem bis hin zur Bekämpfung des Klimawandels. Wenn der oder die Einzelne über Erschöpfung klagt, gilt er oder sie als nicht stark genug für die zu bewältigenden Aufgaben. Diese Menschen sind einfach zu schwach, um mithalten zu können. Pech gehabt!

Wenn Mütter sich in der Pandemie beschweren oder über die Belastungen klagen, schlägt ihnen oft Desinteresse oder Abwehr entgegen. »Meine Oma hat nach dem Krieg fünf Kinder großgezogen, einen Bauernhof geschmissen und sich nie beschwert«, schrieb mir ein Leser im April 2021. Er reagierte damit auf eine meiner Kolumnen in der *Berliner Zeitung*, in der ich beschrieben hatte, wie es als Frau ist, Homeoffice und Kinderbetreuung zu verbinden. »Ich habe zu DDR-Zeiten drei Kinder großgezogen, rund um die Uhr in der Fabrik gearbeitet und mich in der Partei engagiert. So ein bisschen Coronaferien sind doch lachhaft«, schrieb eine Leserin. Es scheint, als sei uns die Fähigkeit verlorengegangen, Perspektiven anderer Menschen zu akzeptieren oder wenigstens als gleichwertig stehen zu lassen. Anders gesagt: Wenn jeder Bereich des Lebens nach ökonomischen Kriterien bewertet und dadurch hierarchisiert wird, dann prägt das auch den Umgang miteinander, die Sprache, die Gefühle. Wie beim Sport scheint man ständig im Wettbewerb miteinander zu stehen, es gibt rund um die Uhr Verlierer und Gewinner.

Der Sozialforscher Heinz Bude spricht in seinem Buch »Solidarität« davon, dass sich in den vergangenen Jahrzehnten der Typus des Selbstbesorgten herausgebildet hat: »Die Selbstbesorgten rücken von der Idee der Solidarität ab, weil sie darin eine Formel der Schwäche und der Abhängigkeit erkennen. Wer Solidarität fordert, kann oder will sich nicht selbst helfen.« In diesem Zusammenhang ist eine Studie der Pew Foundation interessant, die 2010 für Aufsehen sorgte. Sie belegt, dass für

Studenten in den USA die Wichtigkeit von Empathie in den letzten drei Jahrzehnten merklich abgenommen hat. In der Metastudie wurden zwischen 1979 und 2009 erfasste Daten sowie Fragebögen von rund 14000 Menschen ausgewertet, die nach Mitgefühl, Perspektivübernahme, Fantasie und persönlicher Betroffenheit gefragt worden waren. Die Studie sagt nichts darüber aus, ob Menschen einander wirklich weniger helfen, aber zeigt, dass junge Menschen, die im Zeitalter des Neoliberalismus aufgewachsen sind, eine veränderte Einstellung zu Empathie haben. Für die nächsten großen gesellschaftlichen Herausforderungen bedeutet das nichts Gutes.

Sitzen wir alle in einem Boot? Es gab am Anfang der Pandemie die Hoffnung, dass die Krise heilsame Kräfte entwickelt, damit wir wieder mehr Kontrolle über unsere zersplitterte Gesellschaft zurückgewinnen. Der Wunsch verdeckt jedoch, wie sehr unser Denken und Handeln von den Prämissen des Neoliberalismus und Individualismus dominiert wird. Jeder von uns ist längst mit einem einzelnen Boot unterwegs. Die Krise kam, als viele sich einen politischen Neuanfang wünschten und eine grundsätzlich veränderte Gesellschaft. Als wir versuchten, sie mit den althergebrachten Mitteln zu bewältigen, scheiterten wir.

LEBEN WIE EIN MANN

In Krisen zeigt sich, wie man selbst funktioniert

Meine Tochter stellte mir einmal die Frage: Mama, was machen wir morgestern? Sie meinte damit »heute«, kam aber nicht auf das Wort und schuf dabei selbst eins. Mir gefällt morgestern. Es beschreibt die Zeit, in der wir leben, eigentlich ganz gut: eine Mischung aus gestern und morgen, aus Vergangenheit und Zukunft, eine Zeit, in der die alten Regeln nicht mehr gelten, die neuen aber noch nicht etabliert sind. Das gilt auch in Bezug auf das komplexe Verhältnis von Frauen und Männern, sowohl gesellschaftlich als auch privat. Welche Macht haben Frauen? Wie frei können sie ihr Berufs- und Familienleben gestalten? Mit welchen Rollenerwartungen haben sie zu kämpfen? Das Morgestern ist eine Zeit, in der die Dinge in der Schwebe sind, in beide Richtungen kippen können, zurück ins Gestern oder nach vorn ins Morgen.

Wie sehr ich selbst in diesem Dazwischen lebe, wie wenig alte Muster aus meinem Alltag verschwunden sind und Neues ganz und gar in ihm angekommen ist, wurde mir an einem Abend auf dem Hamburger Hauptbahnhof klar.

Es war im Herbst 2021, und ich musste über Nacht verreisen. Das musste ich vor der Pandemie öfter, es war nichts Besonderes, Routine für eine Journalistin. Als ich meine Tasche packte, stellte ich jedoch fest, dass es die erste Reise seit fast zwei Jahren war, die ich ohne meine Kinder und meinen Mann machte. Während Corona waren wir, immer dann, wenn es gerade möglich war, als Familie verreist. Allein war ich seither nicht mehr unterwegs gewesen, jedenfalls nicht über Nacht. Das hatte vor allem damit zu tun, dass Termine mit Interviewpartnern, Pressekonferenzen oder Vorstellungen von Forschungsergebnissen in der Pandemie häufig digital stattfanden und sich die journalistische Arbeit dadurch veränderte.

Ich war nervös und fühlte mich ein bisschen wie Phileas Fogg, der berühmte Held von Jules Verne. Es ging ja auch fast bis zum Mittelpunkt der Erde. Drei Stunden von Berlin nach Hamburg. Eine Reise ins Ungewisse. Jedenfalls kam es mir so vor. Die Pandemie hatte mich unsicherer – vielleicht sogar ängstlicher – gemacht.

Bevor ich aufbrach, kochte ich für die nächsten zwei Tage Essen vor und stellte die Plastikboxen in den Kühlschrank. Es fiel mir schwer, mich zu verabschieden. Es war noch früh am Morgen, meine Kinder lagen noch im Bett. Ich drückte und küsste meinen Sohn und meine Tochter. Sie murmelten nur »Tschüss, Mama« und drehten sich wieder zu ihren Kuscheltieren um. Mein Mann stand etwas schläfrig in der Tür. »Bis morgen, Sabine.« Von unzähligen Sorgen hin- und hergerissen machte ich mich auf den Weg. Es war nicht so sehr die Frage, ob sie die nächsten 24 Stunden ohne mich überstehen würden, sondern wie ich die nächsten 24 Stunden ohne sie überstehen würde. Ich fühlte mich verantwortlich, mehr als vor der Pandemie, verantwortlich für meine Familie, den Haushalt und dafür, dass alles so lief, wie es laufen sollte.

Meine Nervosität kam mir schon kurz nachdem der ICE Spandau passiert hatte völlig übertrieben und irrational vor. Hamburg lag unverändert an der Alster, die Arbeit verlief reibungslos, ich übernachtete im Hotel und schlief tief und fest. Die einzige Aufregung bestand schließlich darin, dass ich meinen Zug zurück nach Berlin verpasste und einen späteren nehmen musste. Ich hatte noch eine Freundin getroffen. Wir saßen in einem indischen Restaurant, redeten, und ich vergaß die Zeit. Allerdings geschah in dem Moment, in dem ich das Dilemma bemerkte, so ziemlich dasselbe wie bei meiner Abfahrt: Ich wurde unsicher, nervös, panisch. Mein Herz setzte einen Schlag aus: Ich würde nicht wie versprochen zum Abendessen mit den Kindern zurück sein. Vor mir tauchte das enttäuschte Gesicht meiner Tochter auf, der Schmollmund, den sie so perfekt beherrscht, und das genervte Gesicht meines Mannes. Ich wollte losrennen. Vielleicht schaffte ich es noch?

Ich wischte auf dem Bildschirm meines Telefons herum: Es konnte doch nicht sein, dass der nächste Zug erst in drei Stunden fuhr. Ich entdeckte einen früheren Zug, für den ich aber ein neues Ticket hätte kaufen müssen. Schließlich ließ ich es sein. Warum löste die simple Tatsache, etwas später nach Hause zu kommen, bei mir Panik aus? Warum war ich mir so sicher, dass mein Mann unzufrieden sein würde? Und selbst wenn er das wäre: Was wäre so schlimm daran gewesen? Fragen, die ich mir stellte, als ich später auf dem Bahnsteig des Hamburger Hauptbahnhofs stand und die Zeit bis zur Abfahrt des Zuges viel zu langsam verging.

Ich habe das Glück, einen besonders freundlichen, modernen Mann geheiratet zu haben. Er ist das, was man heute einen »aktiven« Vater nennt. Schon als wir uns kennenlernten, hatten wir darüber gesprochen, dass wir uns die Erziehung der Kinder aufteilen würden. Wir wollten keines dieser neotraditionellen Paare sein, bei denen Papa das Geld ranschafft und Mama dazuverdient, aber zu Hause alles regelt. Wir wollten auch keines der Paare sein, die sich von den Konflikten über die Aufgabenverteilung freikaufen mit Babysittern, Nannys, Au Pairs. Wir wollten es anders, besser machen.

Als es so weit war, nahm mein Mann für jedes unserer Kinder sechs Monate Elternzeit, er machte die Eingewöhnungen in der Kita, seither arbeitet er Teilzeit. Er holt am Nachmittag die Kinder ab, ich arbeite Vollzeit. Damit ist er ein Exot. Nur sieben Prozent der Väter in Deutschland arbeiten Teilzeit. Ich habe quasi den Hauptgewinn im Lotto gezogen. Mein Mann ist einer, der auch in der Woche fast jeden Tag mit den Kindern auf den Spielplatz geht. Ich bin stolz darauf, dass die Kita ihn zuerst anruft, wenn ein Kind erkrankt. Und ich bin ihm dankbar.

Es hat vermutlich etwas mit meiner Dankbarkeit zu tun, dass mich dort in Hamburg, als ich auf meinen Zug nach Hause wartete, ein Gedanke nicht losließ: Weil ich zu spät komme, ist mein Mann den ganzen Tag mit den Kindern allein. Ich nehme ihm das, was ihm eigentlich zusteht: seine Zeit. Mit diesem Gedanken ist ein zweiter verknüpft, einer, der noch schwerer zu ertragen ist als der erste, weil er eine unangenehme Wahrheit enthält: Würde ein Mann auch so denken? Hilfe, ich lasse meine Frau den ganzen Tag mit den Kindern allein? Ich musste mir etwas eingestehen, was ich seit Langem ahnte, aber nicht wahrhaben wollte. Ich musste mir eingestehen, wie unfrei ich war. Es war eine schmerzliche Erkenntnis.

Vor der Pandemie war es leichter gewesen, sie zu verdrängen. Ich lebte in zwei Welten, die ich gut trennen konnte: Im Büro war ich die leistungsfähige, autonom handelnde Journalistin. Zu Hause war ich die fürsorgliche, immer ansprechbare Mutter. Die beiden Welten lagen weit auseinander, jede forderte andere Kompetenzen: Effizienz, Disziplin, Schnelligkeit hier – Geduld, Ruhe, Übersicht da. Durch die räumliche Trennung beider Welten ließ sich leicht übersehen, wie unterschiedlich die Rollen sind, die ich in ihnen einnehme. Weder bei der Arbeit noch zu Hause hätte ich mich als unfrei bezeichnet. Unfreiheit passte nicht zu meinem Selbstbild. Außerdem war ich fest davon überzeugt, dass mein Mann und ich eine gleichberechtigte Beziehung führten. Dass ich schon damals mehr Familienarbeit organisierte, schob ich beiseite. Ich bin keine Ausnahme. Selbst wenn Frauen Vollzeit arbeiten, erledigen sie laut Untersuchungen des Deutschen Wirtschaftsinstituts, kurz DIW, 41 Prozent mehr Care-Arbeit als Väter.

In der Pandemie fiel mein Arbeit-hier-Familie-da-Modell in sich zusammen. Und mit ihm mein Selbstbild. Die räumliche Trennung zwischen Home und Office verschwand, Kinderbetreuung wurde unzuverlässig, der berufliche Druck stieg. Die Welten mischten sich und passten nicht zusammen. Meine unterschiedlichen sozialen Rollen in unterschiedlichen sozialen Räumen wurden quasi in einen Topf geworfen. Von einer Sekunde auf die nächste musste ich im Homeoffice die Rollen wechseln. Und es zeigte sich, dass auch ich in keiner gleichberechtigten Beziehung lebte. Dass mein Mann und ich uns viel vorgenommen und einiges umgesetzt hatten, aber noch lange nicht dort waren, wo wir gern gewesen wären. Das, was wir uns erträumten, ist im Morgestern offenbar nicht möglich. Wir stecken fest an der Schnittstelle zwischen Kapitalismus und Patriarchat.

In unserer Gesellschaft wird die Zeit von Frauen und Männern unterschiedlich bewertet, die Zeit von Männern ist mehr wert. Berufe, in denen überwiegend Männer arbeiten, werden besser bezahlt als Berufe, in denen überwiegend Frauen arbeiten. Das sieht man zum Beispiel an den Gehältern der männlich dominierten Fertigungsberufe im Unterschied zu den Pflegeberufen, die mehrheitlich von Frauen ausgeübt und schlechter bezahlt werden. Quer durch alle Branchen und Berufe verdienen Frauen in Deutschland im Schnitt 19 Prozent weniger (Stand 2020). Selbst bei der Ausübung des gleichen Berufs beträgt der Unterschied im Durchschnitt sechs Prozent. Und es ist kein deutsches Problem, darauf wies die zuständige EU-Kommissarin Helena Dalli im November 2021 hin: Im Vergleich zu jedem Euro, den ein Mann in der EU verdient, erhalten Frauen nur 86 Cent. Dazu kommt, dass Frauen pro Tag 87 Minuten mehr unbezahlte Arbeit im Haus und bei der Organisation der Familie leisten als Männer. Und sie nehmen länger Elternzeit.

In der Pandemie fing ich an, mehr Hausarbeit und Kinderbetreuung zu übernehmen als zuvor. Ich arbeitete wie viele andere im Homeoffice und fühlte mich automatisch zuständig. Essenmachen, Kochen, Waschen. Mein Mann saß vertieft hinter seinem Rechner, Kopfhörer über den Ohren. Er schien einen Anspruch darauf zu haben, nicht unterbrochen zu werden. Wenn ich Zeit für mich und meine Arbeit brauchte, entschuldigte ich mich dafür. Auch ich habe offenbar verinnerlicht, dass die Zeit von Männern mehr wert ist. Wie ist es sonst zu erklären, dass ich so leicht in alte Rollenmuster zurückfiel? Dass ich die Situation so interpretierte, als sei ich die Hauptverantwortliche daheim?

Schon vor der Krise hatte ich einen anderen Umgang mit Zeit: Während meine männlichen Kollegen gern warteten, bis ihre Kinder im Bett waren, wollte ich möglichst pünktlich zu Hause sein, um sie noch wach zu erwischen. Kam ich trotzdem zu spät, hatte ich ein schlechtes Gewissen. Mein Mann hatte das nie. Wenn er weg war, war er weg.

»Frauen hatten nie Zugang zu Zeit. Sie wurde immer diktiert und zerteilt. Die Zeit der Frauen wurde immer unterbrochen durch Sorgearbeit«, schreibt die Schweizer Soziologin Franziska Schutzbach in ihrem Buch »Die Erschöpfung der Frauen«. Darin geht es unter anderem darum, wie Mütter zwischen Fürsorglichkeitsansprüchen zu Hause und einer auf Leistungsbereitschaft und Einsatz getakteten Berufswelt zerrieben werden. Sie beschreibt auch, dass bei der Familienarbeit Frauen oft die dringlichen, unaufschiebbaren Arbeiten zu Hause erledigen, während Männer Arbeiten übernehmen, die man selbstbestimmt abarbeiten oder allein erledigen kann, wie die Glühbirne wechseln oder den Keller aufräumen. Besonders die Dringlichkeit der täglichen Arbeiten hat während der Coronakrise zugenommen.

Leben wie ein Mann! Zu keiner Zeit habe ich mir das mehr gewünscht als in der Zeit der Pandemie. Und gleichzeitig hat mich dieser Wunsch erschreckt.

Meine Mutter war die erste in der Familie, die Abitur machte. Sie hörte auf zu arbeiten, als meine Schwester geboren wurde, und blieb ihr Leben lang Hausfrau. Mir gab sie mit auf den Weg: »Bleib unabhängig, verdiene dein eigenes Geld!« Zu erreichen sei das mit Fleiß, Disziplin und Ehrgeiz. Das waren männliche Werte, aber das verstand ich erst später. Sie setzte gegenüber meinem Vater durch, dass ich auf eine weiterführende Schule kam. Ich machte Abitur, studierte, fing an zu arbeiten. Ich kam schnell voran. Der Beruf war das Wichtigste in meinem Leben. Ich verdiente nicht nur mein eigenes Geld, sondern erhielt Anerkennung, fand Freunde. Ich habe es besser gemacht als meine Mutter. Dachte ich. Bis Corona mir die Augen geöffnet hat.

Meine Mutter führte mit meinem Vater eine klassische Hausfrauenehe. Das war in der DDR eher ungewöhnlich. Der überwiegende Teil der Frauen arbeitete, viele Frauen hatten Vollzeitjobs. Meine Mutter übernahm die ganze Haus- und Erziehungsarbeit. Außerdem pflegte sie zwei alte Tanten, die mit im Haus wohnten. Mein Vater verdiente das Geld. Es gibt die Geschichte, dass er einmal mit mir im Kinderwagen um den Dorfteich spaziert ist, später ging er mit mir in den Ferien ab und zu ins Museum oder unternahm eine Tagesfahrt in den Harz, aber die Küche betrat er nur zum Essen. Als mein Sohn geboren wurde, erwartete meine Mutter, dass ich nach der Geburt ein paar Jahre zu Hause bleiben würde: »Du willst ihn doch nicht etwa mit einem Jahr schon in die Kita geben?« Eine Mutter gehört zu ihrem Kind, sagte auch mein Vater. Die Eltern meines Mannes führten ebenfalls eine Ehe mit traditioneller Rollenverteilung: Er war Banker, sie Hausfrau. Wie weit haben mein Mann und ich uns von den uns vorgelebten Rollenbildern entfernen können?

Als ich Mutter wurde, wollte ich alles anders machen als seine und meine Eltern: Ich wollte mit Kind weiterarbeiten, tagelang auf Recherchereise sein, Texte schreiben. Ich glaubte, die Vereinbarkeit von Beruf und Familie sei eine Frage des Wollens, der guten Organisation und des richtigen Partners. Ist sie auch. Einerseits.

Andererseits habe ich die Macht von traditionellen Rollenbildern unterschätzt. Ich zumindest wollte immer leben wie ein Mann. Alle meine Vorstellungen beziehen sich auf männliche Vorbilder – so wie die Werte meiner Mutter männliche Werte waren. Ich habe kein klares Bild davon, was moderne Weiblichkeit für mich bedeutet, wie Mutter und berufstätig sein eine ganz und gar selbstbewusste Kombination eingehen können. Bei Frauen weiß ich nur, was ich nicht sein will: Glucke, Rabenmutter, Karrierefrau. Ich will auch keine dieser Türsteher-Mütter sein, die das Kind an sich reißen, ihren Partner kritisieren, wenn er die falschen Cornflakes kauft oder vergisst, das Kind mit Sonnenschutz einzucremen. Maternal Gatekeeping nennen das Soziologen.

Die Literaturkritikerin Elke Heidenreich hat einmal in einem Interview gesagt, dass sie als Kind anfangs die Bücher vom »Trotzkopf« geliebt habe. Es geht darin um ein wildes Mädchen, das sich gegen jegliche Benimmregeln auflehnt. Als sie dann aber las, dass Trotzkopf später »eine liebe Mutti« werden wollte, habe sich das geändert. Eine liebe Mutti wollte Elke Heidenreich nicht sein. Auch sie dachte in Extremen.

Ich habe mich früher über Margaret Thatcher amüsiert. Sie hatte als Premierministerin am Sonntag für ihren Mann Dennis und ihre Zwillinge vorgekocht, damit sie unter der Woche, wenn sie nicht da sein würde, etwas zu essen hatten. Das fiel mir wieder ein, während ich in Hamburg auf dem Bahnsteig wartete, und gleichzeitig wurde mir bewusst, dass ich es am Morgen vor meiner kleinen Reise genauso gemacht hatte. Ich fühlte mich von mir selbst ertappt.

Heidenreich und Thatcher gehören älteren Frauengenerationen an. Was ist mit den jüngeren? Es gibt heute mehr Frauen in Führungspositionen, gerade in der Politik, aber sie trauen sich oft nicht, über die Schwierigkeiten der Vereinbarkeit von Beruf und Familie zu reden, über die widersprüchliche Gleichzeitigkeit, einerseits im Beruf Dauereinsatz zu zeigen und andererseits für ihre Familie da zu sein. Sie fürchten nicht ohne Grund, dass ihnen ein solches Eingeständnis als Schwäche ausgelegt würde. Eine der wenigen Ausnahmen ist die SPD-Politikerin Manuela Schwesig. Doch auch ihr gegenüber gab es missgünstige Kommentare, als sie einmal davon berichtete, wie schwer ihr die 16-Stunden-Tage im Amt als Bundesministerin fielen, weil ihr Baby nachts nicht so gut schlief.

Als die Grünen-Politikerin Annalena Baerbock im Sommer 2021 zur Kanzlerkandidatin ernannt wurde, hegte ich große Erwartungen. Sie ist 41 Jahre alt, hat zwei kleinere Töchter, ihr Erfolg könnte allen Frauen nützen, die ein Interesse an der Modernisierung der Rollenbilder haben. Als Erstes verkündete sie, dass sich ihr Mann künftig um die Kinder und den Haushalt kümmern werde. Das war wie bei Helmut Kohl, nur andersherum. Hausmann statt Hausfrau. Was soll daran modern sein? Weitere Nachfragen dazu blockte sie ab: Privatangelegenheit. Auch im Wahlkampf sprach sie kaum über Gleichberechtigung und Vereinbarkeit von Beruf und Familie, um sich nicht angreifbar zu machen. Es ist inzwischen die absurde Situation eingetreten, dass man Frauen in leitenden Positionen nicht mehr fragen soll, wie sie ihren Job mit dem Familienleben in Einklang bringen. Das gilt als Affront. Dabei wäre es wichtig, dass gerade in der Öffentlichkeit präsente Mütter nicht verstecken, dass sie Kinder haben, und nicht so tun, als seien sie freischwebende Individuen ohne Verpflichtungen außerhalb des Berufs. Das wäre für die Normalisierung von Familie wichtig. Interessant dabei ist auch, dass Grünen-Politiker Robert Habeck immer wieder über seine Familie gesprochen hat. Bei Männern gilt das als charmant.

Ein paar Tage vor der Fahrt nach Hamburg hatte ich mich mit meinem Mann gestritten. Wie so oft hatte sich die Diskussion an scheinbar banalen Fragen entzündet. Seitdem mein Sohn im August 2021 in die Schule gekommen war, hatte sich unsere morgendliche Routine geändert. Die Schule beginnt früher als die Kita, und es gibt auch mehr zu tun. Also stand ich vor allen anderen auf und arbeitete meine Liste ab: Geschirrspüler ausräumen, Tisch decken, Tee machen, Müsli für meinen Sohn hinstellen, Honigbrote für meine Tochter, Kinder wecken, Brote für Schule und Kita schmieren, Masken heraussuchen, Masken beschriften, Anziehsachen rauslegen, feststellen, dass meine Tochter keine passenden Socken mehr hat, Kinder motivieren, sich mit dem Frühstück zu beeilen, Kinder motivieren, sich mit dem Anziehen zu beeilen, Essen für den Abend planen, Einkaufsliste schreiben, Termine am Nachmittag durchgehen, erste WhatsApp-Nachrichten von Eltern beantworten, deren Kinder mit meinen befreundet sind. – Mein Mann ging ins Bad und zog sich an.

Als ich ihm in unserem Streit alles aufzählte, was morgens zu erledigen ist, hörte er sich das ganz ruhig an. Schließlich sagte er: »Dann sag mir eben, was ich machen soll.« Er wollte Teil meiner Liste sein. Aber es geht nicht darum, dass ich ihm als Familienmanagerin Aufgaben erteilen will, die er dann abarbeitet. Mein Problem sind die tausend Gedanken, die Frauen durch den Kopf rasen, was alles erledigt werden muss. Man nennt das Mental Load. Durch die Coronakrise ist Mental Load noch umfangreicher geworden: auf die neuen Maßnahmen gegen Corona, oft spontan, reagieren, Termine daraufhin umorganisieren, ständig das Risiko einer Ansteckung einschätzen.

Warum sah mein Mann das nicht? Warum rasen nicht durch seinen Kopf tausend Gedanken? Weil er entspannter ist als ich? Weil er ein Mann ist? Kann er entspannter sein, weil er ein Mann ist und weil von Männern nicht erwartet wird, dass sie diese Aufgaben übernehmen? Es ging in unserem Streit hin und her, am Ende teilten wir die Arbeit neu auf. Wer, wann, was? Auch darüber mussten wir erst verhandeln. Es war sicher nicht das letzte Mal. Faire Arbeitsteilung passiert nicht von allein, sie muss immer wieder erkämpft werden, von den Frauen. Das kann kurzfristig unangenehm und anstrengend sein.

In einer Studie hat die amerikanische Soziologin Allison Daminger 2019 nachgewiesen, wie Frauen in heterosexuellen Partnerschaften ihre eigene Mehrarbeit bei der Planung und Organisation von Entscheidungen verdrängen, weil das mit ihrem Selbstbild einer gleichberechtigten Beziehung kollidiert. Sie berichtet von einem Paar, das angibt, gemeinsam einen Kitaplatz ausgesucht zu haben. Um diese Entscheidung zu treffen, hatte die Frau aber schon vorher Optionen geprüft, mehrere Kitas in der Nachbarschaft angerufen. Sie hatte ihren Partner daran erinnert, dass sie sich zusammensetzen sollten. Ohne die Arbeit der Frau hätte das Paar also gar keine Entscheidung treffen können. Das Interessante ist, dass die Frau in der Befragung selbst gesagt hat, man habe die Entscheidung gemeinsam getroffen. Sie hat ihre eigene Arbeit unsichtbar gemacht.

Es stimmt, dass Männer heute im Durchschnitt mehr Zeit mit ihren Kindern verbringen als ihre eigenen Väter. Beschäftigten sich Väter 1993 während der Woche durchschnittlich 1,9 Stunden pro Tag mit ihren Kindern, waren es 2019 bereits drei Stunden. Aber Frauen verbringen trotzdem immer noch doppelt so viel Zeit mit ihren Kindern. Außerdem hat der Einsatz der Väter nicht unbedingt dazu geführt, dass Frauen bei der Hausarbeit entlastet werden.

Es gibt zahlreiche Studien, die zeigen, dass Männer ihr eigenes Engagement bei der Kinderbetreuung überschätzen. Auch der Väterreport 2021 des Bundesfamilienministeriums hat das bestätigt. 25 Prozent der Väter glauben demnach, sie und ihre Partnerin hätten sich die Kinderbetreuung gleichmäßig aufgeteilt. Von den befragten Frauen sagen das nur zehn Prozent. Der Väterreport 2021 erklärt das folgendermaßen: »Dieser Wahrnehmungsunterschied kann daran liegen, dass Väter den Aufwand für die Kinderbetreuung unterschätzen, weil sie wegen unzureichender Erfahrung nicht genau wissen, welche Familienarbeit insgesamt anfällt. Möglicherweise sind ihnen beispielsweise Organisationsaufgaben, Fahrten und Arztbesuche nicht präsent.«

Ich bin mir nicht so sicher, ob es an mangelnder Erfahrung liegt, dass Väter bestimmte Aufgaben nicht wahrnehmen. Ich glaube, es fällt ihnen leichter, diese Arbeiten zu vergessen, zu ignorieren, weil von ihnen hinsichtlich Familienorganisation viel weniger erwartet wird. Wenn ein Kind nachlässig gekleidet oder oft krank ist, schlechte Leistungen in der Schule hat,

Termine vergisst, dann fällt das in der allgemeinen Wahrnehmung auf die Mutter zurück. Auch ich habe das verinnerlicht. Vor einigen Jahren war unsere Tochter schwer krank. Als mein Mann zu Hause blieb, um sie zu betreuen, und ich arbeitete, fragten mich Kollegen, wer denn bei meinem kranken Kind sei und wie ich das aushielte, nicht bei ihr zu sein. Ich antwortete darauf, dass mein Mann bei ihr sei – er wurde gelobt. Auch die Kinderärztin lobte ihn. Niemand lobte mich dafür, dass ich meine Verantwortung bei der Arbeit wahrnahm. Als ich dann doch Krankentage nahm, schienen alle Kollegen erleichtert. Und ich war es auch.

Schuldgefühle gegenüber dem Mann gehören zu den Klassikern weiblichen Verhaltens. Sie sind so alt, wie die Liste wissenschaftlicher Untersuchungen dazu lang ist. Es gibt eine Befragung der schwedischen Forscherin Lisbeth Bekkengen, die zeigt, dass sich besonders Frauen mit engagierten Partnern aus Dankbarkeit nicht trauen, mehr Hausarbeit einzufordern. Dankbarkeitsökonomie heißt das in der Soziologie. »Eine geteilte Kinderbetreuung kann alte Ungleichheiten unter dem Deckmantel des guten Willens verstärken. Wenn beide gleich viel Zeit mit den Kindern verbringen, bleibt die psychische und mentale Hausarbeit erst recht oft bei den Frauen hängen«, schreibt Franziska Schutzbach.

Es ist vielleicht diese Erkenntnis, die so schmerzt: Egal, wie viel eine Frau beruflich erreicht hat, wie gut ausgebildet, wie selbstbewusst sie ist, sie bleibt für das Haus verantwortlich. Für das äußere Haus: Einrichten, Putzen, Regale und Kühlschrank Füllen. Und für das innere Haus: die Gefühlswelt, die Organisation des Alltags. Sie muss sich jeden Zentimeter, den sie aus dem Haus herausgeht, selbst erobern, nein, erkämpfen. Und sie muss den gewonnenen Raum immer wieder verteidigen, vor anderen, aber auch vor sich selbst.

Als ich spätabends zu Hause in Berlin leise die Wohnungstür aufschloss, war alles ruhig. Die Kinder schliefen bereits, mein Mann saß im Wohnzimmer und fragte: »Na, wie war's?« – Kein Drama. Jedenfalls nicht dort, wo ich es vermutet hatte. Das Drama hatte sich in mir abgespielt. Und es spielt sich jeden Tag, so scheint es mir zumindest, in vielen Frauen ab. Vor der Pandemie, aber seit Corona verstärkt. Ich habe lange nicht wahrhaben wollen, wie weit mein eigenes Leben noch von echter Gleichberechtigung entfernt ist. Krisen zeigen nicht nur, wie eine Gesellschaft funktioniert – sondern auch, wie man selbst funktioniert.

VOM HOMEOFFICE ZUM HEIMBÜRO

Über das Verschwinden der Frauen

Eine hübsche blonde Frau sitzt an einem großen Holztisch, vor sich das Apple-Laptop, auf der einen Seite liegen Arbeitsunterlagen, auf der anderen Seite ein paar Buntstifte. Auf dem makellosen Parkettfußboden sitzt ein kleines blondes Mädchen, das sich ein Buch anguckt. Alles ist lichtdurchflutet. Ein Bild der Ruhe und Ordnung. »Für viele Arbeitnehmer:innen ist Homeoffice die Realität« steht unter dem Foto aus dem April 2021. Doch welche Realität wird hier abgebildet?

Auch ich bin blond, habe eine kleine Tochter und in der Wohnung Parkettfußboden, nicht makellos, aber immerhin. Manchmal schaut sich meine Tochter allein ein Buch an, wenn ich arbeite – manchmal, vielleicht zehn Minuten lang, dann möchte sie mir etwas zeigen, was sie darin entdeckt hat. Oft kommt mein Sohn zu mir an den Schreibtisch, auch er möchte mir etwas erzählen oder mich etwas fragen. Mein Schreibtisch ist klein und steht im Schlafzimmer. Ruhe und Ordnung im Homeoffice mit anwesenden Kindern kenne ich nicht.

Homeoffice, das heißt in der Pandemie für mich und viele andere Frauen mit Kindern: eine Ecke irgendwo in der Wohnung, den vollen Wäscheständer so aufgestellt, dass der Raum beim Zoom-Meeting halbwegs professionell aussieht. Homeoffice heißt: während des Meetings die Kamera ausschalten und den Ton muten, um nebenbei ein Krokodil für meine Tochter zu malen oder Nudeln zu kochen. Heißt: die Hälfte der Konferenz nicht mitbekommen und ständig den Satz sagen: »Sei leise, Mama ist im Call.«

Homeoffice ist ein in einen Raum gegossener Widerspruch. Es stellt besonders Frauen vor eine Zerreißprobe. Die Umstellung der Arbeitskultur in der Pandemie trifft sie stärker und kann langfristig dazu führen, dass sie weniger im Erwerbsleben und in anspruchsvollen Positionen präsent sind. Dadurch fehlen aber auch ihre Perspektiven und Expertisen an entscheidender Stelle – in Konferenzen, Gremien, Abstimmungsrunden. Frauen verlieren an Sichtbarkeit.

Vor der Pandemie galt Homeoffice als Verheißung. Der englische Begriff klang cool und modern, wie eine Revolution in der Arbeitswelt, die mehr Freiheit und Selbstbestimmung verspricht. Eine magische Lösung dafür, wie man Kinder und Beruf unter einen Hut bekommen kann. In der Pandemie wurde aus der Möglichkeit eine Pflicht. Im Infektionsschutzgesetz der Bundesregierung vom Mai 2020 steht, dass beides miteinander vereinbar ist. Deshalb haben Eltern, die im Homeoffice arbeiten, keinen Anspruch auf Entschädigung, wenn sie ihre Kinder wegen Wegfalls des Präsenzunterrichts oder wegen Schulschließungen zu Hause betreuen müssen und nicht arbeiten können. Homeoffice gilt demnach als adäquate Form der Kinderbetreuung. Gab es einen Aufschrei der damaligen Familienministerin Franziska Giffey, als das im Frühjahr 2020 im Infektionsschutz verankert wurde? Oder der Bildungsministerin Anja Karliczek? Nein. Kinderbetreuung gilt offenbar als etwas, was man nebenher macht. Gratis.

Am Anfang der Pandemie sah es so aus, als sei Homeoffice etwas Vorübergehendes, ein Provisorium, um ein paar Wochen, höchstens Monate Pandemie zu überstehen. Zwei Jahre später ist aus Homeoffice – unter zeitweiligen Lockdown- und Quarantänebedingungen – ein Dauerzustand geworden. Mein Arbeitsweg führt von der Küche an den Schreibtisch im Schlafzimmer, mein Bewegungsradius ist kleiner geworden. Am provisorischen Arbeitsplatz mischen sich Arbeitspapiere und Einhorn-Ausmalbilder. Dass man jemals wieder wie zu Vorpandemiezeiten in vollen Büros arbeitet, glaubt kaum mehr jemand.

Laut einer Befragung der Hans-Böckler-Stiftung zwischen April 2020 und Juli 2021 ist die Nutzung von Homeoffice deutlich angestiegen. Während des ersten und zweiten Lockdowns verlegte mehr als jeder Vierte sein Büro nach Hause. Mittlerweile arbeiten rund 16 Prozent der Beschäftigten – vor allem Frauen – überwiegend im Homeoffice, 17 Prozent regelmäßig. Das heißt, insgesamt sitzt jeder dritte Angestellte im Homeoffice, vor der Pandemie waren es nur vier Prozent. Die Arbeitswelt formt sich neu. Die Folgen dieser Transformation werden wir erst in ein paar Jahren kennen. Allerdings warnen Soziologen und Soziologinnen, dass das Homeoffice nicht geschlechtsneutral ist. Für Frauen kann es eine Befreiung sein – und ein Gefängnis.

Es ist viel über den Nutzen des Homeoffice gesagt worden: Man spart Zeit, die man sonst durch das Pendeln zum Arbeitsort verloren hätte. Man kann sich seine Zeit freier einteilen. Man arbeitet vielleicht konzentrierter. Zumindest vor Corona, als eine verlässliche Kinderbetreuung für viele gewährleistet war. Doch Homeoffice bedeutet auch, dass die persönlichen Begegnungen abnehmen, dass man womöglich den Anschluss an Kollegen verliert, dass man weniger zeigen kann, was man draufhat. Kommunikation im Homeoffice am Computer läuft anders als im Büro, die Möglichkeit eines Small Talks an der

Kaffeemaschine fällt weg. In den Online-Konferenzen herrscht nach zwei Jahren Pandemie oft ein gereizter, genervter Ton. Alles ist auf Effizienz, Geschwindigkeit und die Lösung akuter Probleme ausgerichtet.

Welche Folgen der Rückzug in die eigenen vier Wände für Frauen haben kann, darauf machte eine der einflussreichsten Managerinnen des Landes, Julia Jäkel, wenige Wochen nach Beginn des ersten Lockdowns aufmerksam. Jäkel leitete den Vorstand des Verlags Gruner + Jahr, eines der größten Verlagshäuser Europas.

Im April 2020 veröffentlichte sie in der *Zeit* einen besorgt-empörten Gastbeitrag darüber, dass in der Krise die Frauen verschwinden. Es war in einer wichtigen Telefonkonferenz mit Politikern und führenden Verlagsvertretern des Landes, als sie feststellte: »Ich war die einzige Frau.« Das kannte sie aus der Zeit vor Corona nicht, normalerweise waren bei solchen Gelegenheiten zumindest ein paar Frauen mit im Raum. Auch an den Videokonferenzen in ihrem Verlag nahmen weniger Frauen teil als zuvor. Die Frauen verschwanden im Homeoffice, wo sie dafür sorgten, dass das Homeschooling funktionierte.

Das ist eine Beobachtung, die nicht nur Julia Jäkel machte. Auch in anderen Medienhäusern wurden die Konferenzen nun vor allem von den männlichen Redakteuren dominiert, sie setzten die Themen, sie bestimmten die Fragen, die man Politikern stellte. Die Perspektive der Frauen, der Mütter fehlte. Und so blieben wichtige Fragen ungestellt, was wiederum eine Erklärung dafür sein könnte, dass die Erschöpfung von Müttern durch Homeoffice und Homeschooling lange kaum eine Rolle im Diskurs spielte. Männliche Journalisten befragten männliche Experten. »In der Krise wird oft nach dem Vater gefragt« war bezeichnenderweise im März 2020 ein Interview mit Markus Söder im *Spiegel* überschrieben, ein Zitat von Söder selbst.

Julia Jäkel schreibt in ihrem Beitrag auch über ihre Befürchtung, dass sich in der Krise neue Führungszirkel bilden, die Frauen verpassen, weil sie gerade zurückstecken. »Die Coronakrise, bei der es um Leben und Tod, um ganze Existenzen von Familien und Unternehmen geht, macht offensichtlich, wer in Deutschland wirklich, wirklich entscheidet. Wie die realen Strukturen sind. Und dass das Gebot der Diversität offenbar nur an ruhigen Tagen zählt.« Alle, die den öffentlichen Diskurs bestimmten, seien Männer: die Virologen, die Ärztevertreter, die Gesundheitspolitiker, die Klinikchefs, die wichtigsten Wissenschaftler. 24 der 26 Mitglieder der Nationalen Akademie der Wissenschaften, Leopoldina, seien männlich.

Wenn mehr Frauen im Homeoffice arbeiten, wirft das Frauen bei der Gleichstellung zurück. Davor warnt die Soziologin Jutta Allmendinger. Homeoffice sei nicht geschlechtsneutral, sagte sie im Januar 2021 dem *Spiegel*. Sie fügte hinzu: »Es gibt kulturelle Prägungen, die dazu führen, dass Frauen sich dann neben ihren Teilzeitjobs eher um den Haushalt und um die Kinder kümmern als die Männer.« Zurückgeworfen auf die eigenen vier Wände, fallen Frauen ganz schnell in die Rollenmuster zurück, die von Generation zu Generation weitergegeben werden: das Heim als Arbeitsort der Frau und als Erholungsort des Mannes. Die Kinder gewöhnen sich daran, dass die Mutter zu Hause die erste Ansprechpartnerin ist – dadurch verfestigen sich Geschlechterstereotype.

Nun könnte man einwenden, dass doch auch Männer im Homeoffice arbeiten. Gelten für sie nicht die gleichen Risiken? Werden sie nicht auch unsichtbar? Nein. Frauen werden im Homeoffice anders wahrgenommen als Männer. »Frauen, vor allem Müttern, wird weniger zugetraut, dass sie im Homeoffice produktiv arbeiten können«, sagte die Soziologin Yvonne Lott in einem Interview im November 2021. Wenn eine Mutter aus dem Homeoffice arbeiten wolle, gelte es beim Arbeitgeber als Signal, dass sie nicht so engagiert sei. Selbst wenn sie produktiv ist und sogar mehr Überstunden leistet.

Die Wissenschaftlerin wies vor der Pandemie, 2019, in einer Untersuchung der Hans-Böckler-Stiftung darauf hin, dass das Homeoffice kein Weg zu mehr Gerechtigkeit und Gleichberechtigung ist – weil es traditionelle Rollenmuster stärke. Wenn Frauen zu Hause arbeiten, führt das dazu, dass sie nicht nur Überstunden machen, sondern auch noch zusätzliche Aufgaben im Haushalt und bei der Kinderbetreuung übernehmen. Sie kommen demnach pro Woche auf drei Stunden mehr Betreuungszeit. Wenn Männer im Homeoffice arbeiten, kümmern sie sich nicht mehr um die Kinder, sondern leisten mehr Überstunden. Für Männer wie Frauen gilt, dass sie offenbar im Homeoffice weniger von der Arbeit abschalten können.

Wenn man sich aktuelle Untersuchungen anschaut, dann scheint es, als ob die lange Zeit im Homeoffice unter Pandemiebedingungen für Frauen schon ihre Wirkung zeigt. Die Hans-Böckler-Stiftung führt seit Beginn der Pandemie regelmäßig Corona-Befragungen unter 5000 Erwerbspersonen durch. Unter anderem wird nach der Aufteilung der Kinderbetreuung zwischen Müttern und Vätern gefragt. Geschlechtsspezifische Unterschiede gab es schon vor 2020, sie sind aber im Laufe der Pandemie gewachsen. Sowohl vor als auch während der Pandemie kümmerten sich vor allem Frauen um die Hausarbeit. Zwar stieg der Anteil der Männer, die den überwiegenden Teil der Hausarbeit übernahmen, kurzfristig im ersten Lockdown im April 2020 von fünf auf elf Prozent an, reduzierte sich aber danach wieder. Überrascht hat die Wissenschaftlerinnen und Wissenschaftler, dass im Juli 2021 trotz weitgehend geöffneter Kitas und Schulen 69 Prozent der Frauen angaben, den überwiegenden Teil der Kinderbetreuung zu übernehmen – aber nur sieben Prozent der Männer machten diese Angabe. Das ist für Frauen der höchste Wert, der im Rahmen der Erwerbspersonenbefragung seit Frühling 2020 erhoben wurde. »Es mehren sich die Hinweise, dass es zumindest eine Tendenz zur Retraditionalisierung gibt«, sagt die Soziologin Bettina Kohlrausch, Leiterin der Befragung. Also: Frauen raus aus dem Büro, zurück zu Kindern und in die Küche? Das wäre eine Umkehr der bisherigen Entwicklung.

Homeoffice klingt nun gar nicht mehr cool und modern, sondern eher nach Fünfziger-Jahre-Hausfrau, nur mit Twitter-Account. Aus Homeoffice wird Heimbüro.

Sind Frauen also auf dem Rückzug? Frauen haben in der Pandemie wesentlich stärker ihre Stundenzahl reduziert als Männer. Das zeigt die Befragung der Hans-Böckler-Stiftung ebenfalls. Oder sie verlegen ihre Arbeitszeit im Homeoffice auf die Abend- und Nachtstunden sowie auf die frühen Morgenstunden. Das ist über längere Zeit gesundheitsschädigend und wird in diesen Fällen gezwungenermaßen zum Rückzug führen. Wer müde ist, wer keine Kraft mehr hat, der wird auch die neue, fordernde Aufgabe eher ablehnen als mit Euphorie und Tatendrang annehmen können. Bei den Spitzenjobs in der Wirtschaft gibt es erste Anzeichen: 2020 verabschiedeten sich laut AllBright Stiftung viel mehr Frauen aus den Vorständen als in den Jahren zuvor. 2021 wurden wieder mehr Frauen an die Spitze befördert, aber im internationalen Vergleich ist Deutschland bei den weiblichen Vorständen weit abgeschlagen.

Auch die Medienmanagerin Julia Jäkel hat im März 2021 ihren Posten als Vorstandschefin niedergelegt. Viele aus der Branche hat das überrascht, zumal Jäkel nicht zum nächsten Topjob eilte, sondern sich aus der Öffentlichkeit zurückzog. Was steckt dahinter? Eine Coronaerschöpfung? Midlife-Crisis? Dazu machte sie keine Angaben. »Ich wollte eine Erfrischung, noch mal etwas Neues erleben, nicht more of the same«, sagte sie. Gruner + Jahr wird inzwischen von einer männlichen Doppelspitze geleitet. Die neuen Führungszirkel.

Andere Frauen stecken in einem Kreislauf der Erschöpfung. Es gibt inzwischen mehrere Studien, die zeigen, dass in den vergangenen zwei Jahren die psychische Belastung bei Frauen gestiegen ist. Die Soziologin Heike Ohlbrecht von der Universität Magdeburg befragte rund 2800 Personen nach dem ersten und nochmal einen etwas kleineren Teil nach dem zweiten Lockdown nach subjektiver Gesundheit, Zufriedenheit und Wohlbefinden. In allen Kategorien erzielten Frauen schlechtere Werte als Männer. 61 Prozent der Mütter sagten, sie fühlten sich belasteter als vor der Pandemie. Als Grund geben die Frauen die Arbeitssituation und zusätzliche Belastung im Haushalt an. »Die Aufgabenteilung zwischen Mann und Frau ist ein riesiges Thema, in Deutschland sind die Frauen immer noch erste Verantwortliche für den Haushalt, egal wie viel sie arbeiten und ob sie selbst Führungspositionen innehaben und voll erwerbstätig sind«, sagt Heike Ohlbrecht.

Wie man die psychische Gesundheit von Frauen stärken und sie generell besser entlasten kann, damit sie bei künftigen Krisen nicht wieder ausbrennen, das spielt bisher kaum eine Rolle. Wie kann sich die Arbeitskultur dahingehend ändern, dass Frauen Führungspositionen übernehmen können, ohne auf Familienleben verzichten zu müssen? Wie kann man im Homeoffice arbeiten, ohne sich ins Burnout zu schuften? In der Politik geht es eher in die andere Richtung, es wird beispielsweise darüber diskutiert, wie Frauen und Männer immer mehr arbeiten können und wie die gesetzlich festgelegte Höchstarbeitszeitgrenze aufgeweicht werden kann. Der Koalitionsvertrag geht in Richtung Zwölf-Stunden-Tag.

Homeoffice lässt sich spätestens seit Beginn der Coronapandemie nicht mehr als Erfolgsgeschichte verkaufen. Es bietet Flexibilität, aber auch ein großes Risiko für Frauen, aus Positionen und Arbeitsprozessen verdrängt zu werden und beruflich aus dem Blickfeld zu geraten. Hinzu kommt, dass die angeblich verbesserte Vereinbarkeit von Beruf und Familie ein Trugbild ist. Nicht nur in Krisenzeiten, aber besonders dann, zeigt sich, dass Arbeiten und Kinderbetreuung zu Hause in einen Teufelskreis führt: aus Überlastung, Rückfall in traditionelle Rollenmuster, Frustration und Rückzug.

Noch einmal zurück zur blonden Frau, dem kleinen blonden Mädchen, dem makellosen Parkettfußboden, dem hellen Licht. Wirkt die Ordnung darauf nicht steril, die Ruhe bedrohlich? Und was macht die Frau am Computer? Vielleicht schreibt sie gerade einen wütenden Kommentar auf Twitter, und zwar darüber, wie schlecht es ihr im Homeoffice geht?

MODERNISIERUNGSSTAU
Über Gleichberechtigung als Accessoire für fette Jahre

Im Juli 2020 besuchte ich den früheren Regierungssprecher Steffen Seibert in seinem Büro. Die Maske, die ich im Aufzug trug, war das einzige Zeichen dafür, dass Corona noch eine Rolle spielte. Deutschland schien die Pandemie überstanden zu haben. Im Vergleich zu Ländern wie Italien oder Großbritannien waren weniger Menschen gestorben. Die Restaurants und Bars öffneten wieder, man verreiste, ging zum Friseur, feierte zusammen und redete von einer Rückkehr der Normalität. Wer vor einer neuen Welle mahnte, galt als übervorsichtig.

Nur das Händeschütteln hatte den ersten Lockdown nicht überlebt, Steffen Seibert verbeugte sich ein wenig zur Begrüßung, als ich sein Büro betrat. In der Mitte standen ein Besprechungstisch und ein schwarzes Sofa, bodentiefe Fenster, durch die die Sonne schien. Wir redeten über den Osten, das Ende der Amtszeit von Angela Merkel und die Veränderungen in der Medienlandschaft. Zum Abschied ging er zu seinem Bücherregal. »Kennen Sie das?« Er hielt eine Sonderausgabe des Grundgesetzes hoch, schwarz-rot-gold auf weißem Grund. Seibert, sichtlich begeistert, drückte mir das Exemplar in die Hand. Dann drehte er sich um und holte noch eins aus dem Regal. »Nehmen Sie zwei!«

Ich war ein bisschen verblüfft, ein bisschen gerührt und ein bisschen genervt. Weil ich jetzt zwei Ausgaben des deutschen Grundgesetzes mit nach Hause nehmen musste, obwohl ich längst eine besaß. Ein bisschen kränkte mich auch die Vorstellung, Steffen Seibert könnte – bewusst oder unbewusst – angenommen haben, ich als Ostdeutsche kenne das Grundgesetz nicht.

Die Sonderausgabe war 2019 zum 70. Jubiläum des Grundgesetzes herausgekommen. Ich erinnerte mich, dass zu diesem Anlass Elisabeth Selbert besonders geehrt wurde. Sie ist die Anwältin, die 1949 gegen große Widerstände den Satz »Männer und Frauen sind gleichberechtigt« in den Text hineinverhandelt hatte. Vollständig lautet der Absatz in Artikel 3: »Männer und Frauen sind gleichberechtigt. Der Staat fördert die tatsächliche Durchsetzung der Gleichberechtigung von Frauen und Männern und wirkt auf die Beseitigung bestehender Nachteile hin.«

Wenn ich die Passage höre oder lese bin ich immer beides: stolz und frustriert. Stolz, weil ich in einem Land lebe, in dem Gleichberechtigung im Grundgesetz steht. Frustriert, weil es in der Realität anders aussieht. Ich komme aus einem Land, in dem die Erwerbstätigkeit von Frauen sehr hoch war, in dem vieles, wofür junge Feministinnen heute kämpfen, als selbstverständlich galt, wie das Recht auf sichere Abtreibungen, kostenlose Verhütungsmittel, steuerliche Gleichstellung von Alleinerziehenden, flächendeckende, kostenlose Ganztagsbetreuung. Das Land, aus dem ich komme, die DDR, war weniger traditionell als die heutige Bundesrepublik.

Frauen verdienen im Schnitt 19 Prozent weniger als Männer, sind seltener in Führungspositionen zu finden, leisten mehr unbezahlte Arbeit, sind im Alter öfter arm, sind eher Opfer sexualisierter Gewalt. Der Gender-Pension-Gap beträgt in Deutschland 49 Prozent (2019). Das heißt, in Deutschland beziehen Frauen um 49 Prozent geringere eigene Alterssicherungseinkommen als Männer.

Gleichstellung hatte – seit es diesen Artikel im Grundgesetz gibt – keinen besonders hohen Stellenwert in der deutschen Politik. Verbesserungen, Fortschritte wurden mühsam errungen. Es ist erst 15 Jahre her, dass man das Elterngeld einführte, wenig später wurde der Kitaausbau beschlossen. Beides galt in der Ära Merkel als Revolution, als Gamechanger, der die Vereinbarkeit von Familie und Beruf vereinfachen und das Ende des konservativen Familienbildes einläuten sollte. 15 Jahre sind eine lange Zeit im Leben eines einzelnen Menschen, nicht aber für eine Gesellschaft, um tiefsitzende Rollenbilder zu verändern.

Bis vor wenigen Jahren war in Westdeutschland das Alleinverdienermodell üblich, der Mann ging arbeiten und verdiente das Geld, die Frau kümmerte sich um Haushalt und Kinder. Westdeutsch sozialisierte Frauen, die heute zwischen dreißig und fünfzig sind, gehören zu den ersten Generationen nach dem Zweiten Weltkrieg, die relativ frei sind, Beruf und Familie miteinander verbinden zu können. Sie betreten gewissermaßen Neuland. Mitten in diesen Modernisierungsprozess platzte Corona. Und was passierte? Viele der gleichstellungspolitischen Errungenschaften gerieten ins Wanken.

Die Krise zeigt, dass Frauen automatisch mehr Fürsorge und Betreuung übernehmen, wenn es eng wird: zu Hause, im Krankenhaus, im Pflegeheim. Sie reduzieren ihre Arbeitszeit, um mehr Kinderbetreuung zu leisten. Sie sagen spannende Projekte ab, nehmen in Kauf, bei der nächsten Beförderung übergangen zu werden. Ich habe das im vorangegangenen Kapitel ausführlich beschrieben.

Diese Entwicklung vollzog sich rasend schnell und trotz scheinbar veränderter Rollenerwartungen. Die Sozialphilosophin Rahel Jaeggi warnt bereits vor einer Gefahr der »Rekonventionalisierung von Lebensformen unter pandemischen Bedingungen«. Die Kleinfamilie werde wieder zum Default-Modus, zur Standardeinstellung im Leben, obwohl das den Wünschen vieler Menschen gar nicht mehr entspräche. Das zeigt, wie wackelig der Boden ist, auf dem emanzipatorische Errungenschaften stehen. Oder, um es etwas drastischer auszudrücken, wie nachlässig der Staat mit seinem Verfassungsauftrag zur Gleichstellung umgeht. Insofern bringt die Krise zum Vorschein, wie weit das Land von einer echten Gleichberechtigung entfernt ist.

Als das Elterngeld 2007 eingeführt wurde, war die Bundesrepublik gar nicht so revolutionär, wie viele westdeutsche Politikerinnen und Politiker taten, sondern eher ein Nachzügler. In den Ländern um Deutschland herum gab es längst Unterstützung für berufstätige Eltern nach der Geburt ihrer Kinder. Finnland: Anspruch auf 263 Tage bezahlte Elternzeit mit 70 Prozent Lohnersatz. Schweden: bezahlter Elternurlaub von 480 Tagen. Auch Dänemark, Großbritannien und Frankreich führten Anfang der Nullerjahre das Elterngeld ein.

Ab 1976 durften in der DDR Mütter mit mehr als einem Kind ein Babyjahr mit 70 Prozent Lohnersatz nehmen. Ersteltern bekamen das Geld für sechs Monate ausgezahlt. Ab 1986 konnte das Babyjahr ab dem ersten Kind für volle zwölf Monate in Anspruch genommen werden, für dritte Kinder verlängerte sich die Elternzeit sogar auf 18 Monate. Auch Väter durften das Babyjahr nehmen. Die DDR war der Bundesrepublik beim Elterngeld rund 30 Jahre voraus.

Von Altkanzler Gerhard Schröder ist unter anderem im Gedächtnis geblieben, dass er Familienpolitik als »Gedöns« bezeichnete. Aber der Sozialdemokrat hat sich die Modernisierung des Familienbildes viel stärker auf die Fahnen geschrieben, als diese Aussage vermuten lässt. Im Jahr 2002 trug er eine Regierungserklärung vor, in der er familienpolitische Aufträge benannte, an denen noch 20 Jahre später gearbeitet wird: Ausbau der Kinderbetreuung, Vereinbarkeit von Familie und Beruf. »Wir brauchen vor allem mehr schulische Ganztagseinrichtungen. (...) Mehr Ganztagsbetreuung ist die Chance für junge Frauen, Familie und Beruf besser in Einklang bringen zu können«, sagte Schröder damals.

Um zu verstehen, was »Rekonventionalisierung von Lebensformen« für Frauen bedeuten könnte, muss man sich noch einmal den Status quo vor der Einführung des Elterngeldes in der Bundesrepublik 2007 anschauen: Bis in die 1970er Jahre war es üblich, dass Frauen systematisch aus dem Berufsleben herausgehalten wurden. Es galt das Idealbild der Kleinfamilie, die der Staat als autonome Einheit mit Geldzahlungen unterstützte, beispielsweise durch Steuervorteile wie das Ehegattensplitting, das Kindergeld, die kostenlose Mitversicherung der Ehefrau. Von Eingriffen in die Kinderbetreuung und Erziehung hielt der Staat sich fern, das galt als natürliche Aufgabe der Frau. Diese Politik war aber auch eine Art Gegenreaktion auf das andere deutsche Modell mit seinem umfassenden staatlichen Betreuungsauftrag. Man könnte sagen, die problematische bundesdeutsche Gleichstellungspolitik ist auch ein Erbe des kalten Krieges.

In der DDR war die Berufstätigkeit von Müttern seit den 1950er Jahren gesellschaftlich akzeptiert. Es gab kostenlose Kitas, Schulhort mit Mittagessen, Ferienlager und Ferienbetreuung, die die unterrichtsfreie Zeit überbrückten.

Im Bürgerlichen Gesetzbuch der Bundesrepublik stand bis 1977, dass die Ehefrau nur erwerbstätig sein darf, »soweit dies mit den Pflichten in Ehe und Familie vereinbar ist«. Ob das so war, entschied der Ehemann. In den 1970er Jahren wurde eine dreijährige Elternzeit eingeführt, die aber fast ausschließlich Mütter nahmen. Sie erhielten ab 1979 ein »Mutterschaftsurlaubsgeld« in Höhe von 750 DM, Anfang der 1980er Jahre wurde es auf 510 DM gesenkt. Nach sechs Monaten endete der Bezug, doch die Rückkehr in den Beruf fiel den meisten schwer, da es kaum Betreuungsmöglichkeiten gab. Also blieben viele Frauen in den ersten drei Jahren nach der Geburt ihrer Kinder zu Hause. Auch nach der Einschulung eröffneten sich nicht mehr Möglichkeiten, da die Schule oft mittags endete. Es wurde erwartet, dass Mütter das Mittagessen zu Hause zubereiteten. Teilweise ist das in einigen Regionen von Baden-Württemberg oder Bayern noch heute so.

In Westdeutschland bekommen Frauen seit den 1970er Jahren immer weniger Kinder. Im Osten bricht die Geburtenrate nach dem Beitritt zur Bundesrepublik ein. In beiden Fällen waren fehlende soziale Absicherungen für Frauen nach der Geburt ihrer Kinder eine wesentliche Ursache für den Geburtenrückgang. In Westdeutschland waren diese Absicherungen nicht vorhanden. Im Osten fielen sie mit der Wiedervereinigung weg. Die Sozialdemokratin Renate Schmidt – selbst Mutter dreier Kinder – war diejenige, die seit Mitte der 1990er Jahre die Modernisierung der Familienpolitik vorantrieb. Auch wenn die CDU-Politikerin Ursula von der Leyen das Gesetzesvorhaben umsetzte, gäbe es das Elterngeld ohne Schmidt nicht.

Renate Schmidt wollte die konservativen Rollenbilder aufbrechen, Väter stärker einbinden und beruflich erfolgreiche Frauen zum Kinderkriegen ermutigen. In einem Interview mit *Spiegel Online* sagte sie im April 2005: »Mir geht es nun darum, familienpolitische Leistungen neu auszurichten und damit die Entscheidung für Kinder zu erleichtern, die wirtschaftliche Stabilität von Familien zu stärken und Familien in ihrer Familienplanung zu bestärken. Es geht darum, die Vereinbarkeit von Beruf und Familie zu erleichtern und die Arbeitsteilung zwischen den Elternteilen möglich zu machen.«

Eingeführt wurde das Elterngeld, wie gesagt, 2007 von ihrer Nachfolgerin, der Christdemokratin Ursula von der Leyen. 2008 wurde mit dem Kinderförderungsgesetz der Kitaausbau beschlossen. Von der Leyen hatte Unterstützung von den Frauen aus der CDU, die die Vereinbarkeit von Beruf und Familie verbessern wollten. Vor allem aber standen die Arbeitgeberverbände hinter ihren Plänen. Nach der Wirtschaftskrise um das Jahr 2000 fuhren die Betriebe wieder Gewinne ein, Fachkräfte wurden dringend benötigt. Man konnte es sich nicht länger leisten, auf gut ausgebildete Mütter zu verzichten.

2003 war ein Gutachten der Wirtschaftswissenschaftler Bert Rürup und Sandra Gruescu mit dem Titel »Nachhaltige Familienpolitik im Interesse einer aktiven Bevölkerungsentwicklung« erschienen. Sie kamen zu dem Schluss, dass für eine nachhaltige Wirtschaftsentwicklung die Geburtenrate gesteigert und die Zahl der erwerbstätigen Frauen erhöht werden müsse. Das Gutachten empfiehlt die Einführung eines einkommensabhängigen Elterngeldes ausdrücklich als »wirksame Leistung nach skandinavischem Vorbild«: »Denkbar wäre für das Elterngeld zum Beispiel eine Höhe von 67 Prozent des Nettolohns.« Das entsprach exakt der Höhe des später eingeführten Elterngeldes.

Die Unterstützung aus der Wirtschaft half, skeptische Unionspolitiker zu überzeugen. Bei der Modernisierung des Landes reagierte die Politik auf ökonomischen Druck – und beschloss Maßnahmen, die die Vereinbarkeit von Beruf und Familie erleichtern sollten. Doch wenn solche Maßnahmen von der wirtschaftlichen Lage abhängig sind, wenn also die Förderung von Gleichberechtigung vom Boom der Unternehmen abhängig ist, was bedeutet es dann für Frauen, wenn eine Rezession oder Krise droht? Ist Gleichberechtigung nice to have, ein Accessoire für fette Jahre, auf das man verzichtet, wenn es wirtschaftlich schlechter geht? Dann nimmt man hin, dass Frauen aus dem Arbeitsmarkt gedrängt werden? So war das von Elisabeth Selbert im Grundgesetz sicher nicht gedacht.

Die Einführung des Elterngeldes stellte allerdings die Regeln des Sozialstaates auf den Kopf: Nicht Bedürftigkeit ist maßgebend, sondern wie viel man vorher auf dem Arbeitsmarkt geleistet hat. Je mehr man verdient, desto höher ist das Elterngeld. Auch in der Pandemie spielen Bedürftigkeit und Bedürfnisse bei Entscheidungen, die Frauen und Kinder betreffen, eine untergeordnete Rolle. So entscheidet beim Anspruch auf Notbetreuung von Kindern in der Kita, welche Bedeutung die Berufe der Eltern für den Arbeitsmarkt haben. Auch wenn eine Priorisierung bestimmter beruflicher Gruppen richtig ist, wie zum Beispiel Krankenhauspersonal, Menschen, die im öffentlichen Nahverkehr oder in der Energieversorgung arbeiten, lässt sich eine Tendenz erkennen: Wirtschaftlicher Bedarf ist wichtiger als sozialer.

Trotz aller Bemühungen blieb die Reform der Familienpolitik auf halbem Weg stecken – wie das Update eines Betriebssystems am Computer, das nicht vollzogen, sondern immer wieder auf »morgen erinnern« gestellt wird. Das rächte sich, als die Coronazeit für das Betriebssystem zur Härteprobe wurde. Die alte und die neue Version kamen sich ins Gehege. Am Ende droht: Systemabsturz.

Die Familienpolitik pendelte bis 2020 zwischen zwei Modellen hin und her: dem traditionell-westdeutschen, das auf den Schutz der Kleinfamilie als Einheit und auf Abwehr staatlicher Eingriffe zielt, und dem progressiv-ostdeutsch-skandinavischen, das jeden einzelnen Teil dieser Familie schützen will, zum Beispiel um die Abhängigkeit der Frau von ihrem Mann zu verhindern. So wurden Frauen durch Elterngeld und Kitaplatz einerseits ermutigt, nach der Geburt eines Kindes wieder schneller in den Beruf zurückzukehren. Andererseits blieben das Ehegattensplitting und die kostenlose Mitversicherung bestehen, was vor allem das klassische Alleinverdienermodell stützt. Da lohnt dann kurzfristig ein Minijob, langfristig droht Minirente. 20 Milliarden Euro werden pro Jahr weiterhin für das Ehegattensplitting überwiesen, das ist die höchste Summe, die jährlich in die Familienförderung fließt. Wie viele Kitas man davon bauen könnte!

Weitere Baustellen fasste die Bundesregierung gar nicht erst an. Wenn mehr Mütter berufstätig sind, wer erledigt dann die Hausarbeit und die Familienorganisation, also all das, was als Care-Arbeit zusammengefasst wird? Meistens sind es die Frauen. Die Gutverdienerinnen kaufen sich von diesen Belastungen frei, per Au-pair, Nanny, Putzfrau, die anderen leisten die zweite Schicht, wie die Soziologin Arlie Hochschild die doppelte Belastung bereits im Jahr 1989 beschrieben hat.

Um die beiden Schichten, am Arbeitsplatz und zu Hause, einigermaßen in Einklang zu bringen, ohne sich gesundheitlich zu ruinieren, arbeiten die meisten Mütter mit minderjährigen Kindern Teilzeit. 2019 waren es 68 Prozent. Damit sind Frauen oft diejenigen, die weniger verdienen, zumal sie auch häufig in frauendominierten Branchen arbeiten, die schlechter bezahlt werden. Selbst wenn man davon ausgeht, dass sich die Rollenbilder etwas modernisiert haben, stoßen Frauen trotzdem an Grenzen. Sie werden fast automatisch in die Rolle derjenigen gedrängt, die in Krisensituationen eher zurückstecken. Das hat die Pandemie deutlich gezeigt – und verweist damit auf die immer noch lückenhafte und alles andere als fest verankerte soziale Absicherung.

Dass Frauen die Mehrarbeit in der Krise geschultert haben, ergibt sich aus ihrer schwächeren Machtposition, finanziell, strukturell, ideologisch. Da in den vergangenen zwei Jahren viele Frauen ihre Arbeitszeit weiter reduziert haben, wird sich die bestehende Rentenlücke zwischen Männern und Frauen – der Gender-Pension-Gap – in den nächsten Jahren wohl weiter vertiefen. Ein Teufelskreis.

Während des ersten Lockdowns brachten Ökonomen ein Corona-Elterngeld ins Gespräch, um den Eltern zu ermöglichen, wegen der weggefallenen Kinderbetreuung die Arbeitszeit zu reduzieren. Die von den Wirtschaftsforschern vorgeschlagene Leistung sollte nur gezahlt werden, wenn beide Elternteile die Stunden reduzieren, um einseitige Nachteile für Frauen zu vermeiden. Die Idee wurde diskutiert, aber eine Umsetzung nie ernsthaft in Angriff genommen. Ein ähnliches Schicksal hat vor einigen Jahren ein Konzept der damaligen SPD-Familienministerin Manuela Schwesig ereilt, das Menschen finanziell und rechtlich abgesicherte Auszeiten ermöglichen sollte, damit sie sich um Kinder oder ältere Angehörige kümmern konnten.

Immerhin hat sich der Blick auf Kinderbetreuung verändert: Wurden Kitas und Krippen vor 30 Jahren vielerorts in Westdeutschland noch ideologisch bekämpft, sind sie heute akzeptiert. Ein kleiner Fortschritt. Ein Update. Umso härter traf es Mütter, und auch viele Väter, als die verlässliche Kinderbetreuung plötzlich wegfiel – damit bekam das neue Vertrauen in die Institution Kinderbetreuung gleich einen gehörigen Knacks.

Der Fortschritt ist ein unzuverlässiger Geselle, er macht mal einen Schritt nach vorn, einen Schritt zur Seite – und ab und zu eine längere Pause.

Während Mütter in den vergangenen 15 Jahren danach strebten, den gestiegenen Ansprüchen im Beruf, in der Kindererziehung und bei der Selbstpräsentation gerecht zu werden, und trotzdem in der Pandemie vergessen wurden, feierte man Väter bereits, wenn sie wussten, wie man eine Babytrage anlegt. Sosehr Frauen sich anstrengen und vorankommen, zeigt die Krise, dass das, was sie erreicht haben, nur temporär ist und jederzeit wieder entzogen werden kann.

Laut einer Untersuchung des Wirtschaftswissenschaftlers Mathias Huebener, die im Juni 2021 veröffentlicht wurde, nahmen während der Coronakrise bei Vätern negative Einstellungen gegenüber berufstätigen Müttern wieder zu. Vor allem jüngere westdeutsche Männer, die vor der Krise ein progressives Rollenverständnis entwickelt hatten, vollzogen in der Pandemie eine Kehrtwende. Sie wünschen sich nun eher wieder eine traditionelle Arbeitsteilung zu Hause. Klare Zuständigkeiten sind auch weniger anstrengend als ständige Verhandlungen über die Frage: Wer macht was? Mathias Huebener vermutet, dass der Rollback mit dem gestiegenen Stress im Lockdown zu tun hat. Bei westdeutschen Frauen sowie Frauen und Männern in Ostdeutschland wurden keine veränderten Einstellungen gemessen.

Die Rollenmodelle haben sich offensichtlich bei (westdeutschen) Männern viel weniger nachhaltig geändert als vermutet. Der gute Vater ist weiterhin der, der nach der Geburt eines Kindes die Karriere vorantreibt, Vollzeit arbeitet und das Geld nach Hause bringt. Die Zahl der Väter, die bereit sind, für ihr Kind auch Karriereeinschnitte hinzunehmen, so wie Frauen das tun, ist immer noch sehr gering. 75 Prozent der Väter nehmen nach der Geburt eines Kindes nur für die üblichen zwei Monate Elternzeit, die man beantragen muss, um die volle Summe des Elterngelds ausgezahlt zu bekommen. Die Mehrheit der Väter – rund 60 Prozent – nimmt gar keine Elternzeit. Nur sieben Prozent der Väter arbeiten laut Väterreport 2021 in

Teilzeit. Oft klaffen Wunsch und Realität auseinander: 45 Prozent der Eltern wünschen sich laut Väterreport eine partnerschaftliche Aufteilung, aber nur 17 Prozent praktizieren das auch. Dazu passt der legendäre Satz des verstorbenen Soziologen Ulrich Beck: »Verbale Aufgeschlossenheit bei gleichzeitiger Verhaltensstarre.«

Das Elterngeld sollte 2007 eine Revolution in der Familienpolitik darstellen. Doch die Ziele, traditionelle Rollenmodelle aufzubrechen und eine gleichberechtigte Arbeitsverteilung zu fördern, sind kaum erreicht worden. Die Revolution ist gescheitert. Seit Corona kann man diese Erkenntnis nicht mehr verdrängen.

Die Krise hat gezeigt, wie viel bei der Familien- und Gleichstellungspolitik zu tun ist. Vielleicht drängt der neue Bundeskanzler Olaf Scholz deshalb so auf Parität. Vielleicht findet sich deshalb im Koalitionsvertrag der Ampel der erstaunlich kühne Satz: »Die Gleichstellung von Frauen und Männern muss in diesem Jahrzehnt erreicht werden.« Gleichstellung bis 2030? Laut Weltwirtschaftsforum dauert es aufgrund von Berechnungen zu Teilhabe weltweit aber noch 136 Jahre, bis Männer und Frauen gleichgestellt sind.

Bis dahin sind meine drei Ausgaben des Grundgesetzes zu Staub zerfallen.

»WIR DANKEN ALLEN, DIE DEN LADEN AM LAUFEN HALTEN.«

Über ein System im Burnout

Meine Freundin Marion hätte nicht die Pandemie gebraucht, um zu erkennen, dass der Sozialstaat die Ärmsten längst nicht mehr schützt. Jahrzehnte der Sparprogramme haben ihn dünn und rissig gemacht. Marion ist 45 Jahre alt, gelernte Kinderkrankenschwester, ihre korrekte Berufsbezeichnung lautet Familien-Gesundheits- und Kinderkrankenpflegerin. Sie betreut Mütter, Babys und Kleinkinder aus belasteten Familien. In Wirklichkeit heißt sie anders, möchte aber anonym bleiben, um offen über ihre Arbeit sprechen zu können. Krisen gehören zu ihrem Alltag. Dennoch erlebt sie Corona als eine Situation, die sich für sie von allen bisherigen Krisen unterscheidet. Und die sie an die Grenzen ihrer Kräfte bringt.

Soziale Gerechtigkeit ist während der letzten Jahre zu einem Nischenthema geschrumpft. Andererseits glauben laut einer Allensbach-Umfrage 73 Prozent der Deutschen, dass sich die sozialen Unterschiede durch die Krise vergrößern werden. Marion hat die Entwicklung hin zu mehr sozialer Ungleichheit während der Pandemie jeden Tag miterlebt. Die Beratungsstellen, in denen sie arbeitet, befinden sich in verschiedenen Brennpunktvierteln einer westdeutschen Großstadt. Wie diese Großstadt heißt, ist unwichtig, denn in anderen Städten ist die

Situation ähnlich. Oft muss Marion selbst vor der Beratung die Einrichtung aufräumen und putzen, weil das unterbesetzte und unterbezahlte Reinigungsteam ausgefallen ist. Welchen Stellenwert soziale Einrichtungen nicht erst seit der Pandemie haben, sieht man teilweise an ihrem traurigen Zustand. In einer der Beratungsstellen gibt es Risse im Linoleum, das Dach ist undicht, es regnet durch, sodass sich Schimmel an der Wand bildet. Dem Träger, dem örtlichen Jugendamt, fehlen die Mittel, um etwas dagegen zu unternehmen, auch daran hat sich Marion gewöhnt. Man muss froh sein, dass es einen Raum mit einer bezahlbaren Miete gibt.

Ihre Aufgabe ist es, Schwangere und junge Mütter zu beraten, ihnen zu zeigen, wie man ein Neugeborenes hält, wickelt, füttert, sie erklärt ihnen, welche Kleidung und Gegenstände man vor einer Geburt kaufen muss und dass es regelmäßige Vorsorgeuntersuchungen für Kinder gibt, die man nicht verpassen darf. Was eigentlich zum Standard gehört, können einige Beratungsstellen selbst nicht bieten: Es gibt dort keinen Windeleimer, keine Wärmeleuchte, keinen Wickeltisch. Manchmal gibt es ein Sofa, einen Besprechungstisch, ein paar Matten. Man lernt, zu improvisieren, pragmatisch zu sein, das Beste aus dem Wenigen zu machen. Das eint die Kinderkrankenschwester mit ihren Klientinnen, die im Mangel leben. Man breitet eine Decke auf dem Boden aus, legt eine Unterlage darauf.

Das Präventionsprogramm, das Marions Arbeit bezahlt, heißt Frühe Hilfen, es wurde vor etwa 15 Jahren gegründet. Damals machten in mehreren Großstädten Fälle von Kindesmissbrauch Schlagzeilen, mehrere vernachlässigte Kinder starben. Außerdem änderten sich die Krankheitsbilder bei Kindern, sie litten weniger an organischen, dafür eher an psychosomatischen und psychischen Erkrankungen. Bei den Frühen Hilfen sollen Kinderkrankenpflegerinnen, Familienhebammen und Sozialpädagoginnen gemeinsam Familien mit Babys und Kleinkindern aus schwierigen Verhältnissen unterstützen, »ohne Stigma« und »niedrigschwellig«, wie es in der Sprache der Sozialarbeit heißt. Sie sollen frühzeitig auf Probleme aufmerksam werden, bevor es zu Eskalation, Missbrauch, Verwahrlosung kommt. Viele der Klientinnen und Klienten, die Marion betreut, sind Alleinerziehende, leiden unter psychischen Krankheiten, sind unter traumatischen Umständen aus einem Land geflohen oder haben Gewalt erlebt. Manchmal alles zusammen.

Finanziert werden die Frühen Hilfen seit 2018 aus einer Bundesstiftung, die jährlich 51 Millionen Euro bundesweit zur Verfügung stellt. Das klingt erst mal viel, dennoch reicht das Geld vor Ort nicht. Die Gelder für Marions Träger sind seit Jahren nicht gestiegen. Für eine Vollzeitstelle erhält eine Familienkrankenschwester laut Landestarif etwa 1800 Euro netto, doch fast alle Kolleginnen arbeiten Teilzeit, bessern sich ihr Gehalt mit Schichten in einer Klinik auf. Zwar bekommen die Frühen Hilfen auch Gelder aus dem Corona-Aufholprogramm, aber sie sind auf ein Jahr begrenzt. Pläne für die Eröffnung neuer Standorte in neu entstandenen Brennpunkten wurden bei Marions Träger erst einmal abgesagt.

Vor der Pandemie kamen Mütter und auch einige Väter regelmäßig zur Krabbelgruppe, zum Familiencafé, zur Erziehungsberatung in die Räume der Frühen Hilfen. Die Frauen (und es sind überwiegend Frauen), an die sich Marions Angebote richteten, haben oft Schwierigkeiten, Dinge zu erledigen, die für die meisten Menschen kein Problem darstellen. Den Tag strukturieren, Termine einhalten, das Baby und gegebenenfalls ältere Kinder mit witterungsgemäßer Kleidung anziehen, Frühstück machen. Für die persönlichen Treffen, zu denen Marion einlud, gab es keinen festen Termin, sondern großzügige Zeitfenster. Wer kam, der kam.

Die Frauen wurden auch nicht kritisiert, wenn das Kind unter dem Anorak noch den Schlafanzug trug oder nichts gegessen hatte. »Kommstruktur« nennen Marion und ihre Kolleginnen das Konzept. Sie gaben einfache Gesundheits- und Ernährungstipps, übersetzten schwierige Anschreiben der Behörden und Schulen in eine einfache Sprache, kümmerten sich um Geburtsurkunden, Kita- und Hortgutscheine.

Der erste Lockdown entzog Marion und ihren Kolleginnen die wichtigste Arbeitsgrundlage: Kontakt. Im März 2020 beschloss die Bundesregierung weitreichende Kontaktbeschränkungen. Sie waren notwendig, um die Bevölkerung vor der Ansteckung mit dem Coronavirus zu schützen. Man wusste damals fast nichts über Covid-19, nur, dass sich das Virus sehr schnell ausbreitete. Im Schnitt steckte jede/r Erkrankte drei weitere Menschen an. Die Nachrichten aus Italien und die Bilder aus Bergamo, mit unzähligen Toten, die auf Lastwagen transportiert werden mussten, zeigten den Deutschen, wie dramatisch die Lage war.

Was für viele finanziell abgesicherte und gesunde Menschen ein Ärgernis war, eine Belastung, eine Unannehmlichkeit, stellte für die Familien aus Marions Beratungsstellen eine dramatische Verschlechterung ihrer ohnehin prekären Lebenssituation dar. Isolation kann lebensbedrohlich sein. Laut UN-Kinderrechtskonvention, die Deutschland 1992 ratifiziert hat, muss der Staat Kinder vor Missbrauch, Gewaltanwendung und Verwahrlosung schützen. Der Staat vernachlässigte diesen Auftrag, als der Präsenzunterricht ausgesetzt wurde und Sozialarbeiterinnen kaum Besuche machen durften.

Es gibt ein Foto aus dieser Zeit, das noch heute auf der Website der Bundesregierung steht. In den Augen der Betroffenen –

sowohl derjenigen, die durch ihre Arbeit Bedürftigen helfen, als auch derjenigen, die Unterstützung brauchen – kann nur zynisch wirken, was darauf zu sehen ist: eine geschlossene Tür mit einem Plakat, auf dem steht »Wir bleiben zuhause. Und wir danken allen, die den Laden am Laufen halten.«

Welcher Laden? Gehören die Frauen, Kinder und Familien, die Marion unterstützt, nicht zum Laden? Ohne zu differenzieren, was strenge Kontaktbeschränkungen für Familien bedeuten, die mit mehreren Kindern in beengten Wohnverhältnissen leben, die zu wenig Geld haben, die schon vor der Pandemie die Organisation ihres Lebens kaum ohne Unterstützung hinkriegten, wurden im ersten Lockdown von Landesbehörden auch soziale Beratungsstellen geschlossen. Kontakte waren zu einer Gefahr geworden. Im Umgang mit dieser Gefahr wurde jedoch nicht berücksichtigt, dass Kontakte auch schützen können. Vor gewalttätigen Partnern oder Eltern.

Der Wegfall der Kontakte mit dem Unterstützungssystem traf jene Frauen und ihre Familien doppelt: Sie erhalten dort nicht nur praktische Hilfe, sondern auch Zuspruch, Rat, Ermutigung. Es sind die Sozialarbeiterinnen und Kinderkrankenschwestern, denen zuerst auffällt, wenn eine Frau oder ein Kind blaue Flecke hat oder sonstige Zeichen von Misshandlungen. Kontaktbeschränkung mag für die einen bedeuten, dass man keine Freunde mehr treffen, nicht mehr ins Restaurant gehen oder Partys feiern kann. Für andere schränken sich die Möglichkeiten, Hilfe zu holen, drastisch ein. Wieder traf es vor allem Frauen und Kinder. Das Zuhause war für diejenigen, die in Marions Beratungen kamen, oft kein Hort der Sicherheit und des Schutzes, sondern eine potenzielle Gefahrenzone.

Schon früh warnten Expertinnen und Experten vor einem Anstieg von Partnergewalt und Kindesmisshandlungen. Ihre Befürchtungen bestätigten sich. Im Jahr 2020 haben laut Bundeskriminalamt rund 148 000 Menschen Strafanzeige wegen Körperverletzung, Bedrohung, Vergewaltigung und Freiheitsberaubung gestellt, vier Prozent mehr als im Vorjahr. 80 Prozent der Opfer sind Frauen. Das Dunkelfeld, sagen Familienanwältinnen, ist viel größer. Denn die meisten Opfer von Partnerschaftsgewalt trauen sich nicht zur Polizei. 2020 sind laut Kriminalstatistik 152 Kinder gewaltsam zu Tode gekommen, die meisten von ihnen unter sechs Jahre alt. Weitere 134 Kinder überlebten einen Tötungsversuch. 4900 Kinder wurden von ihren Eltern oder anderen Schutzpersonen so stark misshandelt, dass die Polizei einschreiten musste – ein Anstieg von zehn Prozent.

Im Frühjahr 2020 sorgten sich Marion und ihre Kolleginnen genau vor dem, was später eintreten sollte. Sie kannten ausweglose Situationen aus ihrem Berufsalltag, es war ihr Job, Lösungen zu finden, doch die Coronakrise stellte sie vor eine nie gekannte Herausforderung. Sie warteten auf Vorgaben und Unterstützung der Landesbehörden. Doch sie blieben aus. Jeder Träger entschied selbst, ob zum Beispiel Hausbesuche im Notfall möglich waren. Die Unsicherheit war groß. Diejenigen, die ganz unten in der Gesellschaft stehen, werden von der Politik auch in der Pandemie vergessen. Marion und ihre Kolleginnen müssen die über Jahre fehlgeleitete Sozialpolitik abfangen, das zeigt sich besonders in der Pandemie. Sie suchten im Lockdown nach anderen Formen des Kontakts. Sie nahmen kleine Videos auf, mit Erläuterungen zu Corona, mit Bastelideen für die Kinder, mit Kochrezepten, mit Tipps gegen Stress. Manchmal fragten sie auch nur: »Hey, wie geht's euch heute?« Weil längere Telefonate für die Frauen oft schwierig sind, weil sie keinen Ort für sich haben, um offen reden zu können, tauschten sie Sprachnachrichten mit ihnen aus. Das Telefon wurde zum zentralen Arbeitsinstrument.

Nach einigen Wochen nahm der Druck noch einmal zu. In den Vierteln, in denen Marion tätig ist, wurde immer häufiger die Polizei gerufen. Lokal häuften sich die Meldungen von häuslicher Gewalt. Marion und ihre Kolleginnen gingen auf eigene Initiative los, klingelten an den Türen und sprachen, wenn es nicht anders ging, mit den Frauen am Fenster. Doch das reichte nicht, sie ist Kinderkrankenschwester, sie musste die Babys sehen, anfassen, um beurteilen zu können, wie ihr gesundheitlicher Zustand war. Um Hausbesuche durchführen zu können, waren Masken vorgeschrieben, es fehlte aber im Frühjahr 2020 überall an OP- und FFP2-Masken, nicht einmal die Mitarbeiterinnen und Mitarbeiter der Gesundheitsämter konnten ausreichend geschützt werden. Marion organisierte sich, wie viele andere auch, Mund-und-Nasen-Schutz privat, über eine Schneiderin, die ihr Stoffmasken nähte.

Überall, wohin sie kam, traf sie auf Überforderung, Erschöpfung und auch auf die Angst, sich mit dem Virus zu infizieren und krank zu werden. Inzwischen ist erwiesen, dass Menschen in Brennpunktvierteln ein höheres Risiko haben, an Corona zu erkranken und daran zu sterben. Das wusste man zu Beginn der Pandemie zwar noch nicht, aber es gab in Deutschland auch kein großes Interesse daran herauszufinden, wie sich die Krankheit in unterschiedlichen Milieus auswirkt. Erst im Herbst 2021 veröffentlichte das Robert Koch Institut eine Auswertung von rund 190 000 Covid-Fällen, die bestätigte, dass im Laufe der Pandemie sozial benachteiligte Menschen stärker von der Krankheit betroffen sind. »Die zugrunde liegenden Mechanismen bedürfen weiterer Analysen, um eine Verschärfung der gesundheitlichen Ungleichheiten durch gezielte Maßnahmen und verstärkten Schutz besonders gefährdeter Gruppen zu verhindern«, heißt es in dem Bericht. Er erschien fast eineinhalb Jahre nach Pandemiebeginn. Da war schon vieles schiefgelaufen.

Viele Frauen und ihre Familien stehen seit Beginn der Pandemie vor völlig neuen Herausforderungen. Äußere Strukturen fielen weg, Schulen und Kitas waren geschlossen, die Arbeit im Homeoffice wurde zur Regel. Die Umstellung stellte sie vor große Schwierigkeiten. Doch wie ging es jenen, die es schon vor der Pandemie kaum schafften, ihren Alltag zu bewältigen? Da war die Mutter mit sechs Kindern, von denen zwei bereits in Pflegefamilien lebten. Mit dem siebten war sie schwanger. Würde sie es schaffen, den Kindern drei Mahlzeiten zuzubereiten? Wie sollte es ihr gelingen, mit allen Kindern Homeschooling zu machen? Wie sollte jedes Kind einen Platz und Ruhe für sich zum Lernen finden, wenn es in der Wohnung für fünf Menschen nur zwei Zimmer gab? Da war die junge Familie mit zwei kleinen Kindern, die aus dem Irak geflüchtet war. Der Mann musste plötzlich wegen Kurzarbeit zu Hause bleiben, was zu unvorhersehbaren Konflikten und Gewaltausbrüchen führte. Wie sollte ein Siebenjähriger dabei deutsch Lesen und Schreiben lernen? Fragen, die Menschen wie Marion täglich beantworten mussten.

Die Kontaktbeschränkungen waren im Alltagsleben schwer umzusetzen. Marion kam immer wieder in Situationen, die man sich wahrscheinlich im Kanzleramt schwer vorstellen konnte, als dort die Regeln erdacht wurden. Im ersten Lockdown war sie oft der einzige Mensch, zu dem diese Familien Kontakt hatten, um nicht ganz von der Außenwelt abgeschnitten zu sein. Wenn sie die Wohnung betrat, bestürmten sie alle, die Kinder fielen ihr um den Hals. Was hätte sie tun sollen? Abstand halten? Und sagen: »Fasst mich nicht an, das ist gegen die Regeln?«

In der Pandemie lag bisher zu wenig Aufmerksamkeit auf der Kinder- und Jugendhilfe sowie auf Einrichtungen wie den Frühen Hilfen. Mit vielen Entscheidungen sind Marion und ihre Kolleginnen im Arbeitsalltag alleingelassen worden.

Dazu gehört die Entscheidung, abzuwägen zwischen der Angst, sich während der Pandemie selbst mit dem Virus anzustecken, und der Befürchtung, eine Gefahrenlage in einer Familie zu übersehen. Es gab Kolleginnen von Marion, die sich weigerten, Hausbesuche zu machen, aus Vorsicht, um nicht selbst zum Superspreader zu werden. Zwei Kolleginnen steckten sich frühzeitig mit Corona an und mussten in Quarantäne. Doch mit jedem Tag, den der Lockdown andauerte, kamen mehr Hilferufe aus den Familien auf ihren Handys an. Das Geld wurde knapp, weil die Mütter jeden Tag mehr Lebensmittel verbrauchten. Das kostenlose Kita- und Schulessen war weggefallen, die Hartz-IV-Sätze waren aber nicht aufgestockt worden. Den Sozialarbeiterinnen gelang es, Nahrungsmittelpakete über private Vereine zu organisieren, um die größte Not zu lindern.

In jener Zeit dachte Marion öfter darüber nach, alles hinzuschmeißen. Sie war zu den Frühen Hilfen gekommen, weil sie nach einem Job gesucht hatte, der besser zu ihrem eigenen Familienleben passte. Sie hat selbst drei Kinder, keine Großeltern vor Ort, das war mit einem Schichtdienst im Krankenhaus schwer zu vereinbaren. Ihr gefiel das Konzept, die direkte Arbeit mit den Frauen, ihren Kindern und Familien. Sie hält viel aus, und sie kann sich auch über kleine Fortschritte freuen: wenn die Schwangere am Tag nicht mehr 40, sondern nur noch zehn Zigaretten raucht. Sie fühlt sich verantwortlich für die Babys und die Mütter. Für ihr Leben und ihre Gesundheit. Und jetzt auf einmal konnte sie diese Verantwortung nicht mehr wahrnehmen, weil sie durch die Kontaktbeschränkungen nicht mehr so gut an die Familien herankam und diese vom Radar verschwanden. Deshalb begann sie zu zweifeln.

Oft gelang es, trotz der veränderten Gesamtsituation zu helfen. Da war zum Beispiel eine psychisch kranke Alleinerziehende. Sie hatte zwei Wochen in Quarantäne auf engstem Raum mit ihrem zweijährigen Sohn verbracht. Danach lagen bei ihr die Nerven blank. Im Gespräch mit Marion ließ sie in einem Nebensatz fallen, dass sie aus dem Hochhaus springen werde, falls sie noch einmal in Quarantäne müsse. »Das war ein deutlicher Hilferuf«, sagt Marion im Rückblick. Es gelang der Kinderkrankenschwester und ihren Kolleginnen, für diese Frau und ihren Sohn eine private Kinderbetreuung zu organisieren. Wenigstens für eine gewisse Zeit.

In anderen Fällen hatten sie weniger Erfolg. Dann musste bei einer Gefährdung des Kindeswohls über das Jugendamt das Familiengericht eingeschaltet und manche Kinder aus den Familien herausgenommen werden. Die Jugendämter in Deutschland haben im Jahr 2020 bei fast 60 600 Kindern und Jugendlichen eine Kindeswohlgefährdung festgestellt. Das waren rund 5 000 Fälle oder neun Prozent mehr als 2019. Laut Statistischem Bundesamt ist das der höchste Wert seit Einführung der Statistik im Jahr 2012.

Im Frühsommer 2020 liefen die strengen Kontaktbeschränkungen des ersten Lockdowns aus. Doch Marion und ihre Kolleginnen konnten nicht zu einer Normalität wie vor der Pandemie zurückkehren. Kontakte ergaben sich nicht mehr spontan, sondern mussten geplant, angekündigt, angemeldet und mit behördlich genehmigten Hygienekonzepten organisiert werden. »Kommstruktur« wurde zum No-Go.

Einen Großteil der Zeit verbrachten Marion und ihre Kolleginnen nun auch damit, die ständig wechselnden Regeln im Auge zu behalten und mit den Trägereinrichtungen zu besprechen. Es mussten feste Beratungstermine vergeben werden, aber die Mütter und ihre Familien schafften es oft nicht, sie einzuhalten, kamen Stunden zu spät oder gar nicht. An anderen Tagen war der Bedarf so groß, dass Klienten nach Hause geschickt werden mussten. Vor der Pandemie sahen Marion und ihre Kolleginnen an einem Vormittag sechs bis zehn Familien zum Gespräch, jetzt waren es oft nur noch drei.

Im Januar 2021 erschien in der *Süddeutschen Zeitung* ein Interview mit Bernd Siggelkow, dem Gründer und Leiter der Jugendhilfeeinrichtung Arche in Berlin. Seine Mitarbeiterinnen und Mitarbeiter betreuen etwa 4500 Kinder aus bildungsfernen, armen Familien, vor allem im Ostteil der Stadt. Als arm gelten Familien, wenn sie mit weniger als 60 Prozent des mittleren Einkommens zurechtkommen müssen. Siggelkow berichtete, wie drastisch sich der Lockdown auf diese Familien auswirke, und warnte vor den Spätfolgen, die man erst in zwei, drei Jahren sehen werde. Das Interview wurde in den sozialen Medien viel diskutiert, blieb aber politisch folgenlos.

Nach fast zwei Jahren Pandemie geht es den Familien, die Marion betreut, schlechter denn je. Gewalt, Drogensucht, Spielsucht, alles hat zugenommen. Die Zahl der psychischen Erkrankungen sei gestiegen. Selbst bei Familien, die ihren Alltag vorher einigermaßen organisieren konnten, kam es zu Vorfällen häuslicher Gewalt. Vor allem das Ausmaß der Gewalt ist größer geworden, beobachtet Marion und bestätigt damit Berichte aus anderen Großstädten.

In Berlin hat Saskia Etzold, Leiterin der Gewaltambulanz, bereits im Juli 2020 Alarm geschlagen. In der Gewaltambulanz können Opfer ihre Verletzungen rechtsmedizinisch untersuchen und dokumentieren lassen, auch ohne Anzeige zu erstatten. Nach der Aufhebung des ersten Lockdowns kamen sehr viele Frauen und Kinder hierher. Es gab nicht nur mehr Gewaltvorfälle, sondern auch mehr Brutalität. »Bei Kindern sehen wir derzeit extrem viel den Einsatz von Werkzeugen«, sagte Etzold dem *Tagesspiegel*. Kinder würden mit Stöcken, Kabeln und Gürteln geschlagen, das passiere in allen Altersstufen.

Auch wenn der Mangel an Kontakten keine körperlichen Spuren hinterließ, blieben seelische. Den ersten Lockdown haben viele Kinder und Jugendliche noch als spannend empfunden, sagte Kathinka Beckmann, die an der Hochschule Koblenz zum Thema Kinderschutz forscht, 2021 dem *Ärzteblatt.* »Die Schulschließungen im ersten Halbjahr 2021 wurden jedoch für sie zu einer großen Stresssituation. Denn Eltern und Geschwister waren für sie in dieser Zeit oft keine Ressource mehr, sondern eine Belastung. Normalerweise erholen sich die Kinder in der Schule von ihrem Zuhause und umgekehrt. Während der Schließungen sind beide Erholungsphasen weggefallen.« Gemeinsam mit zwei Kolleginnen hatte Kathinka Beckmann zwischen März und April 2021 Interviews an sechs Schulen in drei Bundesländern mit Schülern zwischen neun und 17 Jahren geführt. Nach Befragungen des Universitätsklinikums Hamburg-Eppendorf litt fast jedes dritte Kind ein knappes Jahr nach Beginn der Pandemie unter psychischen Auffälligkeiten. Besonders betroffen waren Kinder und Jugendliche aus sozial schwächeren Verhältnissen und migrantischen Familien.

Entwicklungsverzögerungen, psychische Störungen, Selbstverletzung, Adipositas – Marion hat inzwischen einen speziellen Beratungstermin für Adipositas ins Programm aufgenommen, weil das Problem so groß geworden ist. In den Schulen geht es nur darum, welcher Lernstoff Kindern und Jugendlichen fehlt. Doch wie sollen sie lernen, wenn ihnen Basisfähigkeiten fehlen, wenn sie verlernt haben, mit einer größeren Gruppe zusammen zu sein oder sich längere Zeit am Stück zu konzentrieren? Wenn ihnen Ruhe und Geborgenheit fehlen?

Immer wieder stößt Marion auf Widersprüche zwischen politischen Entscheidungen und ihrem Alltag. Als beschlossen wurde, dass in die Beratungsstellen nur Geimpfte, Genesene und Getestete, kurz »3G«, kommen dürfen, führte sie auf eigene Faust Tests in den Beratungsstellen ein, weil sie sonst kaum noch jemanden hätte empfangen können. Viele Klientinnen sind aus Angst und wegen sprachlicher Barrieren ungeimpft. Marion und ihre Kolleginnen bieten Impfberatung an, einige Frauen haben sich mittlerweile impfen lassen.

Umsetzen, erklären, ausbalancieren. Das ist es, was von Marion und ihren Kolleginnen erwartet wird. Vor der Pandemie und während der Pandemie. Verständnis für ihre Anliegen gibt es auf politischer Ebene kaum. Ihr Wissen wird weder in politische Entscheidungen einbezogen noch überhaupt abgefragt. Es gibt bis heute keinen multidisziplinären Krisenrat mit Sozialarbeitern und Kinderpsychologen, wie ihn andere Länder in der Welt eingesetzt haben. Soziale Einrichtungen, Beratungsstellen, Verbände bekommen kaum finanzielle Hilfen, um der Herausforderung der Krise begegnen zu können. Bei der Impfpriorisierung wurden Steuerfachgehilfen vor den Sozialarbeitern bevorzugt. Bei der Ankündigung von Sonderzahlungen an das Pflegepersonal wurden sie bislang ebenfalls nicht berücksichtigt.

Unser Sozialsystem stützt sich auf Menschen wie Marion. Es ist ein System im Burnout. Marion arbeitet noch immer als Kinderkrankenschwester für die Frühen Hilfen und rettet damit Leben.

BILDUNGSREPUBLIK DEUTSCHLAND
Über die Kinder mit der Maske

So vieles, was man für unverzichtbar gehalten hatte, war in den vergangenen zwei Jahren abgesagt worden. Die Einschulungsfeier meines Sohnes im August 2021 fand statt. Unter Coronabedingungen. Es waren nur zwei Gäste erlaubt, also Eltern oder Großeltern oder ein Elternteil mit Geschwisterkind. Keine Freunde, keine weiteren Familienmitglieder. In der Aula waren die Stühle mit eineinhalb Metern Abstand angeordnet. Alle Gäste mussten eine Maske tragen. Auch die Kinder.

Im Ende der Feierstunde standen mein Sohn und seine neuen Klassenkameraden vorn, mit eineinhalb Metern Abstand, nebeneinander aufgereiht. Alle hatten ihre neuen Schulranzen auf dem Rücken. Sie trugen Masken in Blau, Weiß, Schwarz, manche waren geblümt. Ich erinnerte mich, dort in der Aula zwischen den anderen Eltern, an meinen eigenen Schulanfang und an diese Mischung aus Glück und Unsicherheit, die ich an diesem Tag empfand. Ob es meinem Sohn auch so ging? Ich suchte in seinem Gesicht nach einem Hinweis. Es war bis über die Nase von der Maske verdeckt, darüber glänzten seine Augen. Sein Blick wanderte mal dahin, mal dorthin, er schien mir vor allem eines zu sein: neugierig.

Mein Sohn ist zu diesem Zeitpunkt sechs Jahre alt, so wie

die meisten anderen Schulanfängerinnen und Schulanfänger auch. Sie haben fast ein Drittel ihres bisherigen Lebens mit Corona verbracht. Ein Drittel, also zwei Jahre, scheint gemessen an einem zu erwartenden Lebensalter von über 80 Jahren in Deutschland gar nicht so viel. Aber Kindheitsjahre zählen besonders, weil vieles zum ersten Mal erlebt wird, manches einzigartig ist und nicht wiederholt werden kann. Wie der erste Schultag zum Beispiel. Es sind prägende Erfahrungen, meist für das ganze Erwachsenenleben.

Auf viele ihrer Fragen haben diese Kinder die Antwort erhalten: Das machen wir, wenn Corona vorbei ist. Den großen Kindergeburtstag. Den Judokurs. Den Kinobesuch. Es muss ein seltsames Gefühl sein, vieles auf später zu verschieben. In eine Zukunft, von der man nicht so richtig weiß, wann sie beginnen wird. Ein Dasein in einer Erwartungshaltung, dass das richtige, echte Leben noch kommt.

Mit ihren Masken geben die Schulanfänger ein zwar eigenartiges, aber für die Zeit auch passendes, geradezu ikonisches Bild ab. Ein Bild, das über sich selbst und die unmittelbare Situation hinausweist. Wenn ich früher das Worte Maske hörte, dachte ich an Maskenball, an Fasching, an etwas Vergnügliches, an ein Spiel mit den Identitäten. Mittlerweile ist die Maske zu einem Symbol der Krise geworden. An ihr ist nichts Spielerisches, nichts Leichtes. Sie ist das sichtbarste Zeichen für die Einschränkungen der individuellen und sozialen Bedürfnisse in der Pandemie.

Sich einzuschränken, das lernten die Erstklässler vor dem Abc. Auch mussten sie sich an zahlreiche Distanz- und Hygieneregeln gewöhnen. Während der Feierstunde wies die Lehrerin die Kinder immer wieder darauf hin: »Über die Nase ziehen, bitte.« Die Maske zog mit den Erstklässlern in die Schule ein. Die Maske und damit der Krisenzustand ist für die

Schulanfänger so alltäglich geworden wie Ranzen packen und Hausaufgaben machen. So normal, dass sie sich gar nicht mehr vorstellen können, dass es einmal eine Zeit ohne Maske gegeben hat. »Mama, wie sah deine Maske in der Schule aus«, fragte mich mein Sohn neulich.

Im Laufe des Schuljahres 2021/22 ist das Tragen einer Maske in allen Bundesländern zur Pflicht geworden. Die zehn Millionen Schülerinnen und Schüler in Deutschland sind – außer dem Pflegepersonal – wohl die größte Bevölkerungsgruppe, die über viele Stunden täglich einen Mund-Nasen-Schutz tragen muss. Verschiedene Studien zeigen, dass das Tragen einer medizinischen Maske auch bei Kindern die Ausbreitung von Atemwegserkrankungen minimieren kann. FFP2-Masken, die eher für ältere Schüler geeignet sind, bieten laut einer Studie des Max-Planck-Instituts sogar einen extrem hohen Schutz vor einer Infektion. Wenn sich ein infizierter und ein gesunder ungeimpfter Mensch in einem Raum begegnen, liegt die Ansteckungsgefahr demnach auch nach 20 Minuten nur bei 0,1 Prozent.

Welche psychosozialen Folgen das Masketragen hat, ist noch unklar. Die Maske verdeckt die untere Gesichtshälfte, die Augenpartie wirkt kleiner, fast gequetscht. Emotionen wie Wut, Trauer und Freude werden weniger gut erkannt. Laut einer Untersuchung der New Yorker Cornell Universität reduziert sich die Fähigkeit, die Mimik des anderen zu erkennen, um 15 Prozent.

In der Schule erschweren die Masken zumindest am Anfang den Kontakt und das Lernen. Lehrerinnen und Lehrern fällt auf, dass Erstklässler länger brauchen, um sich Namen und Gesichter der neuen Mitschülerinnen und Mitschüler einzuprägen. Auch Buchstaben und Silben lernen sich weniger gut, wenn man die Mundbewegungen dazu nicht sieht und den

Klang nicht so gut versteht. Laut einem Online-Register, das die Universität Witten/Herdecke anlegte, klagen ältere Schüler über Gereiztheit, Unwohlsein und Kopfschmerzen.

Für eine kurze Zeit nach Beginn des Schuljahres durften die Berliner Erstklässler die Masken absetzen. Als wegen der steigenden Infektionszahlen im Herbst die Mund-Nasen-Bedeckung wieder eingeführt wurde, war mein Sohn verzweifelt. »Nicht schon wieder diese blöden Masken«, sagte er, und: »Dann sterb' ich lieber.« Es war ein trotzig hervorgestoßener Satz, der mich aber auch schockierte. Was ist falsch gelaufen? Welchen Blick haben Kinder nach zwei Jahren Pandemie auf die Welt, in der sie aufwachsen, und auf ihr eigenes Leben? Haben wir, die Erwachsenen, sie nicht genug geschützt?

Noch einmal zur Symbolik der maskentragenden Schüler: Um ins Klassenzimmer zu gelangen, müssen sich Kinder ausstatten als wollten sie einen schwerkranken Patienten im Krankenhaus besuchen. Der Bildungsforscher Klaus Zierer geht sogar noch weiter. Er sagt, im ersten Coronajahr seien die Schulen von der Politik wie Krankenhäuser behandelt worden. »Es ging praktisch nur um Tests, Masken, die Impfung und Hygienemaßnahmen. Gesprochen wird über die Schule vor allem mit Virologen. Kaum jemand redet mit den Pädagogen und Entwicklungspsychologen.« Zierer spricht damit im Juli 2021 in einem Interview mit der *Berliner Zeitung* die eingeschränkte Sichtweise an, die sich im Laufe der Pandemie zumindest in Deutschland durchgesetzt hat. Auch im Corona-Expertenrat der neuen Regierung unter Olaf Scholz, der im Dezember 2021 zum Bundeskanzler berufen wurde, sitzt kein einziger Pädagoge.

Schulen als Krankenhäuser? Das klingt vielleicht im ersten Moment etwas seltsam. Doch im Grunde passt der Vergleich, nicht nur in Bezug auf die Pandemie, sondern auch in einem übertragenen, nichtmedizinischen Sinne. Sind die Schulen nicht längst krank? Ist das Bildungssystem nicht längst selbst ein Patient? Schon vor der Coronakrise galt das System als behandlungsbedürftig, personell und infrastrukturell ausgezehrt, inhaltlich erstarrt, sozial diskriminierend. In Schulgebäuden fehlten Computer und qualifiziertes Personal, von funktionierenden Toiletten ganz zu schweigen. Beim Unterricht werde insgesamt zu wenig Wert darauf gelegt, Freude am Lernen zu vermitteln, kritisiert Klaus Zierer in seinem Buch »Ein Jahr zum Vergessen. Wie wir die Bildungskatastrophe nach Corona verhindern«. Es ginge oft nur darum, Stoff zu pauken. In der ersten Klasse sei die Lernbegeisterung noch sehr hoch, sinke dann aber kontinuierlich. Größter Quell der Freude am Lernen sei der soziale Austausch mit Gleichaltrigen. Daran müsste man sich stärker orientieren, so Zierer.

Die Folgen unseres chronisch kranken Bildungssystems sind in der gesamten Gesellschaft zu spüren: In kaum einem anderen Industrieland kommt es beim Erfolg in der Schule so sehr auf die soziale Herkunft an. 67 Prozent der Gymnasiasten haben Eltern, die ebenfalls Abitur haben. Corona verschärfe diese Ungerechtigkeit, sagt Zierer. Über alle Dimensionen von Bildung hinweg hätten Kinder und Jugendliche aus bildungsfernen Milieus am stärksten unter Schulschließungen, Fern- und Wechselunterricht gelitten. Er spricht eine drastische Warnung aus: »Wir stehen vor einer Bildungskatastrophe, wenn wir nichts unternehmen, um diese Kinder und Jugendlichen zu unterstützen und es ihnen ermöglichen aufzuholen.« Hoffnung, dass das passieren wird, hat er wenig.

Bildungsrepublik Deutschland? Von wegen! In den vergangenen zwei Jahren hat die Bundesregierung die Rechte von Kindern, zum Beispiel das Grundrecht auf Bildung, wieder und wieder ignoriert. Dass Kinder und Jugendliche im Vergleich zu anderen Ländern in Deutschland schwerer durch die Krise kommen, dass Angststörungen und Depressionen zunehmen, hat mit strukturellen Problemen zu tun. Aber auch mit Feigheit.

Wann immer die Infektionszahlen und der Druck auf die Politik stiegen, wurden als Erste die Kinder reglementiert und eingeschränkt. Schulen, Kitas und Freizeiteinrichtungen für Kinder wurden zu Beginn der Pandemie im März 2020 zuerst geschlossen und dann zuletzt geöffnet. Nach dem ersten Lockdown wurde so getan, als sei nichts gewesen, man machte im Lernstoff einfach weiter. Danach versprach die damalige Bundeskanzlerin Angela Merkel, dass Kitas und Schulen künftig »Priorität« haben würden, brach ihre Zusage aber später wieder, als Ende 2020 Schulen und Kitas erneut geschlossen wurden.

Dabei wurden Schulen und Kitas nicht vorrangig zugemacht, um Kinder zu schützen, sondern um die Inzidenz in der Bevölkerung insgesamt niedrig zu halten und – auch dieses Argument spielte eine nicht unbedeutende Rolle – ältere Menschen weniger in Gefahr zu bringen. Ob das funktionierte, blieb umstritten. Diese Aussage sei »ein immer wieder vorgetragenes, aber gänzlich unbewiesenes Narrativ. Es gibt keine Hinweise dafür, dass Kinder in relevantem Maße zu dem Ausbreitungsgeschehen in die Bevölkerung hinein beitragen«, schrieb die Fachgesellschaft der Kinder-Infektiologen, die Deutsche Gesellschaft für Pädiatrische Infektiologie, in einer Stellungnahme für das Bundesverfassungsgericht im Juli 2021. Das war allerdings vor dem Auftreten der Omikronvariante.

Frühe Warnungen von Kinderärzten und Kinderpsychologen vor den sozialen und psychologischen Folgeschäden der Schließungen durch Bewegungsmangel, Isolation, familiäre Gewaltausbrüche wurden dabei überhört. Der zweite Lockdown begann am 2. November 2020, zunächst »Lockdown Light« genannt. Er wurde mehrere Male verschärft und verlängert. Am 16. Dezember 2020 schlossen Schulen und Kitas. Warum? Warum wurden Schulschließungen zum wichtigsten Mittel der Pandemiebekämpfung in Deutschland?

Man könnte spekulieren, ob es damit zu tun hat, dass keines der Mitglieder des Corona-Kabinetts – nicht die Minister für Äußeres, Inneres, Finanzen, Gesundheit, Verteidigung, nicht die Kanzlerin – selbst Kinder im schulpflichtigen Alter zu betreuen hatte. Die schlichtere Erklärung lautet allerdings: Weil dazu im Prinzip die Unterschrift des Bundesgesundheitsministers genügte. Es war leichter, vorsorglich die Schulen und Kitas zu schließen, als strengere Regeln für Erwachsene am Arbeitsplatz durchzusetzen. Kinder mussten sich regelmäßig testen, lange bevor eine solche Testpflicht am Arbeitsplatz eingeführt wurde.

Die Dauer der Schließungen hing laut der Organisation für wirtschaftliche Zusammenarbeit und Entwicklung, kurz OECD, nicht davon ab, wie stark ein Land von Corona betroffen war. Länder wie Belgien, Österreich oder Spanien hatten viel höhere Inzidenzen und hielten die Schulen dennoch offen. Während hierzulande an über 180 Tagen die Schulen geschlossen oder im eingeschränkten Betrieb gewesen sind, waren es in Frankreich 50 Tage und in Schweden rund 30 Tage. Die OECD erklärt das unterschiedliche Vorgehen mit den unterschiedlichen Voraussetzungen der jeweiligen Bildungssysteme. Etwas vereinfacht gesagt, es gelang Ländern, die in den vergangenen Jahren schon gut bei den Pisa-Leistungsvergleichen abgeschnitten hatten, auch in der Pandemie besser, den Schulbetrieb zu gewährleisten.

In Deutschland waren die Schulen und Kitas im ersten Lockdown vollständig zwischen März und Mai geschlossen, danach erfolgten eine schrittweise Öffnung und Wechselunterricht. Im zweiten Lockdown wurden die Schulen Mitte Dezember 2020 geschlossen, Mitte Februar 2021 öffneten die Grundschulen, aber nur für einige Stunden und im Wechselunterricht. Die Regeln für die Oberschulen variierten je nach Bundesland. In einigen Bundesländern waren im zweiten Lockdown Schüler der 7. bis 12. Klasse von Mitte Dezember 2020 bis Mai 2021 nicht in der Schule. Das heißt, mehrere Millionen Kinder und Jugendliche haben in dieser Zeit keine Schule besucht, sondern zu Hause im Kinderzimmer am Computer gelernt oder Arbeitsblätter ausgefüllt. Wie sie damit zurechtgekommen sind, welche Schwierigkeiten sie überwinden mussten, welche Erfolge sie hatten, interessierte wenig.

Die Pandemie zeigt, dass Bildung in Deutschland nicht mehr als politischer Gestaltungsbereich verstanden wird, den man kreativ steuert. Weder gab es in den vergangenen zwei Jahren eine politische Debatte über eine Reform des Bildungssystems insgesamt noch spielte das Thema im Wahlkampf eine herausgehobene Rolle. Politik sieht sich eher als Finanzdienstleister, der große Summen bereitstellt, wie zum Beispiel das zwei Milliarden Euro teure Aufholprogramm für Schulen, mit dem Lernrückstände behoben werden sollen. Doch wie sinnvoll ist das? Wofür wird das Geld konkret eingesetzt?

Das Aufholprogramm funktioniert jedenfalls nicht. Das sagen Lehrergewerkschaften nach einem halben Jahr. Die Schulen haben offenbar Probleme, Nachhilfe anzubieten, weil ihnen die zusätzlichen Lehrer fehlen. Von außerschulischen Aktivitäten, wie Sportkursen, profitieren eher Kinder, deren Eltern sich stärker engagieren. So dürften sich die Gräben zwischen gutsituierten und sozial benachteiligten Familien weiter vertiefen.

»Ich halte es auch für richtig, die Schulen – etwa durch Verlängerung der Ferien – zu schließen bis zum 10. Januar oder aber Digitalunterricht zu machen oder was auch immer. Das ist egal«, sagte Angela Merkel in der Pressekonferenz nach der Ministerpräsidentenkonferenz im Januar 2021. Eine entlarvende Aussage. Vielleicht ein verbaler Ausrutscher, der aber gleichzeitig den Umgang der Politik mit Bildung sehr gut illustriert. Laut Bundesverfassungsgericht waren die Schulschließungen rechtmäßig. Aber waren sie auch eine gute Entscheidung für unser Land? Immerhin formulierte das oberste Gericht im November 2021 erstmals das Recht von Kindern auf schulische Bildung und den gleichen Zugang zu staatlichen Bildungsangeboten.

Schule ist viel mehr als die Vermittlung von Wissen oder das Ablegen von Prüfungen. Schule sozialisiert, in der Schule bilden sich Freundschaften, die manchmal ein Leben lang halten. Sie formt ein Bewusstsein für Werte, sie gibt Orientierung, sie schafft Vorstellungen von Vergangenheit und Zukunft. Eine Zeitlang war die Schule sogar einer der wenigen Orte, wo sich Menschen aus unterschiedlichen Teilen der Gesellschaft trafen. In den 1980er Jahren war das bundesdeutsche Bildungssystem wesentlich durchlässiger als heute, und der schulische Erfolg hing weniger vom Elternhaus ab. Was sagt es über ein Land aus, das solche Orte nicht schützt? Nicht alle Kräfte mobilisiert, um sie krisensicher zu machen? Könnte es sein, dass die politisch Verantwortlichen in den vergangenen Jahren, in denen sich unsere Gesellschaft immer mehr ausdifferenziert hat, in denen Neoliberalismus und Individualismus das Denken prägten, das Vertrauen in staatliche Bildung und in die Bedeutung von Schule verloren haben? Dass ihnen die Schule als ein Ort, der den sozialen Aufstieg ermöglicht, aus dem Blick geraten ist? Wäre ein Ende der öffentlichen Schule, ein Modell aus dem 19. Jahrhundert, denkbar? Zwar wird Bildung als abstrakter Wert geschätzt, aber nicht die Lehrerinnen und Lehrer darin, nicht die Schülerinnen und Schüler. Und dass sich unterschiedliche Gesellschaftsschichten in der Schule begegnen, ist schon lang nicht mehr der Fall. Die gesellschaftliche Elite kauft sich von den Zumutungen des öffentlichen Schulsystems frei, bietet ihren Kindern perfekt ausgestattete Lernorte: In den vergangenen Jahren ist die Zahl der Schüler, die Privatschulen besuchen, gestiegen. Mittlerweile liegt sie bei gut elf Prozent.

Lehrerinnen und Lehrer, Schülerinnen und Schüler sind sich in der Pandemie zu großen Teilen selbst überlassen worden. Wie gut das Lernen funktionierte, hing von der Infrastruktur und den finanziellen Mitteln der jeweiligen Schule ab – und dem Engagement einzelner Lehrerinnen und Lehrer. Viele mühten sich ab, hielten über Telefon und WhatsApp Kontakt, andere konnten das nicht leisten.

Online-Unterricht fand laut einer Untersuchung des ifo Instituts im Frühjahr 2020 so gut wie nicht statt. 90 Prozent der Schüler erhielten Arbeitsblätter, die sie zu Hause ausfüllten oder auch nicht. Der Münchner Bildungsökonom Ludger Wößmann hat in der Umfrage für das ifo Institut unter 1000 Eltern herausgefunden, dass nur sechs Prozent der Schüler im ersten Lockdown täglich Online-Unterricht hatten, im zweiten Lockdown war es ein Viertel der Befragten. Es fehlte an allem, an Hardware, Software, aber auch an Wissen, wie man digitalen Unterricht gestaltet. Viele Schulen hatten keine Erfahrung mit digitalen Lernmethoden. Die Bundesregierung hatte zwar bereits 2019 fünf Milliarden Euro im Rahmen des »DigitalPakt Schule« bereitgestellt, aber die Auszahlung wurde über die Länder organisiert. Es war für die Schulen so kompliziert und bürokratisch, das Geld zu erhalten, dass bis Sommer 2020 weniger als ein halbes Prozent abgerufen worden war.

Das Schuljahr 2021/22 begann für meinen Sohn und alle anderen Schülerinnen und Schüler mit dem Versprechen, dass

Präsenzunterricht stattfindet. Bis zur Abgabe des Manuskripts für dieses Buch im Januar 2022 wird das Versprechen gehalten. Masken tragen die Kinder allerdings immer noch täglich und mehr Stunden als die meisten anderen Menschen. Kinder, die wie mein Sohn in diesem Jahr eingeschult wurden, machen aber auch noch andere belastende Erfahrungen, die sie von früheren Generationen von Erstklässlern unterscheiden. Die Vorsitzende des Allgemeinen Schulleiterverbandes Gudrun Wolters-Vogeler weist darauf hin, dass die Entwicklungsunterschiede enorm seien, man merke, dass die Kinder durch die Kitaschließungen gelitten haben. »Sich einordnen, eigene Bedürfnisse zurückstellen, abwarten, bis man dran ist: Solche Grundkompetenzen werden in Familien weniger vermittelt als in der Kita. Diese Gruppenprozesse sind aber enorm wichtig«, sagte sie im November 2021 der Zeitung *Die Welt.* Und fügte hinzu: »Wir haben derzeit an vielen Schulen Probleme mit unangepasstem Verhalten. Viele Kinder sind emotional nicht mehr in der Lage anzuschließen, auch die Lernmotivation hat zum Teil nachgelassen.«

Wie in anderen Bereichen zeigt sich auch beim Thema Bildung und Bildungsgerechtigkeit ein merkwürdiges Desinteresse an den sozialen Auswirkungen der Krise. Wie groß sind die Lernlücken? Wie viel hat das Distanzlernen gebracht? Im Vergleich zu anderen Ländern gab es in Deutschland keine systematische Untersuchung, nur punktuelle Stichproben in einzelnen Bundesländern. Die frühere Bildungsministerin Anja Karliczek schätzt, dass den Schülerinnen und Schülern 20 bis 25 Prozent des Lernstoffs fehlen. Bildungsökonom Wößmann geht eher von einem Drittel aus. Bildungsforscher Zierer rechnet bei Kindern aus bildungsfernen Familien sogar mit einem Verlust von einem Jahr. Einigkeit besteht darüber, dass die Ausfälle vor allem leistungsschwachen und sozial benachteiligten

Kindern und Jugendlichen schaden. Anders gesagt: Diejenigen, die schon vorher kaum Chancen hatten, später einmal Abitur zu machen, einen akademischen Beruf zu ergreifen, werden durch die Krise noch mehr benachteiligt. Die Krise wird die Gräben in der Gesellschaft weiter vertiefen: zwischen Topverdienern, schrumpfender Mittelschicht und dem wachsenden Dienstleistungsproletariat.

Ludger Wößmann hat ausgerechnet, dass ein Schüler, der ein Drittel seines Schuljahres verliert, später etwa drei Prozent seines Lebenseinkommens einbüßt. Das mag für den Einzelnen kein spürbarer Verlust sein. Aber wenn ein großer Teil einer Generation weniger Kompetenzen und Fähigkeiten habe, argumentiert Wößmann, mache das alle ärmer. Er fürchtet, dass ein Teil der Schülerinnen und Schüler die Bildungsdefizite nie aufholen werde.

Bahar Aslan unterrichtet Kinder und Jugendliche, die die Krise am härtesten traf. Sie arbeitet als Lehrerin an einer Hauptschule in Gelsenkirchen, sie berichtet regelmäßig in den sozialen Medien über ihre Erfahrungen. Das Land Nordrhein-Westfalen ordnet Schulen nach sozialer Lage in Gruppen ein – Aslans Schule gehört zu der Gruppe mit den meisten Problemlagen. Es gibt große Armut, viele Konflikte. Schon vor Corona hatte ein Großteil ihrer Schüler Schwierigkeiten, weil sie zum Beispiel kaum Deutsch sprachen oder am Nachmittag ihre Geschwister betreuen mussten anstatt zu lernen.

Der erste Lockdown im März 2020 traf Aslans Schule wie viele andere Schulen völlig unvorbereitet. Den Schülern wurden im Laufe der Zeit zwar Laptops zur Verfügung gestellt, aber die wenigsten besaßen zu Hause einen Drucker, um die Arbeitspapiere ausdrucken zu können. Selbst denjenigen, denen beides zur Verfügung stand, fehlte oft die Kompetenz, sich Schulstoff selbstständig zu erarbeiten. Meistens gab es auch im

Umfeld dieser Schüler niemanden, der sie hätte unterstützen können.

»Alle Unzulänglichkeiten unseres Bildungssystems traten während der Pandemie besonders deutlich hervor: fehlende Digitalisierung, marode Schulen, fehlende Ausstattung mit Seife, Toilettenpapier, zu wenig Personal, zu volle Klassen«, schrieb Bahar Aslan im Januar 2022 auf Twitter. Sie berichtet von einem großen zusätzlichen Aufwand durch den Distanzunterricht, weil es mehr Arbeit erfordert, die Aufmerksamkeit von 28 Schülern am Bildschirm aufrechtzuerhalten, zumal es immer wieder technische Probleme gab oder sich viele Schüler nicht anmelden konnten.

Was tun? Es wäre nicht das erste Mal, dass eine Krise zu einer Schulreform führt. »Eine eingreifende Bildungspolitik wird dann zur Aufgabe eines Staates, der in der Bildungsgesellschaft seinen Grund erkennt«, schrieb der Soziologe und Philosoph Ralf Dahrendorf 1965. Sein Buch »Bildung ist Bürgerrecht« löste in der Bundesrepublik ein breites Echo aus. Es mangelte damals an ausgebildeten Fachkräften. An den Universitäten forderten die Studenten eine Modernisierung. Der Reformdruck führte dazu, dass in den 1970er Jahren in Westdeutschland die ersten Gesamtschulen entstanden. Der Sozialdemokrat Willy Brandt, Bundeskanzler von 1969 bis 1974, sagte in seiner Regierungserklärung: »Die Schule der Nation ist die Schule.« Und weiter: »Das Ziel ist die Erziehung eines kritischen, urteilsfähigen Bürgers, der imstande ist, durch einen permanenten Lernprozess die Bedingungen seiner sozialen Existenz zu erkennen und sich ihnen entsprechend zu verhalten.«

Die Regierung unter Olaf Scholz, immerhin einer der Nachfolger Brandts, macht um Bildung weniger große Worte. Grundsätzlich wird es im Koalitionsvertrag selten. Zumindest will die Ampelregierung mehr Geld für Bildung ausgeben:

mehr für Kitas, mehr für Digitalisierung, mehr für Ganztagsförderung. Das wichtigste Projekt heißt »Startchancen«, dabei geht es darum, Kindern unabhängig von der sozialen Lage ihrer Eltern bessere Bildungschancen zu verschaffen. 4000 Schulen bundesweit sollen ausgewählt und besonders unterstützt werden. Das Programm basiert auf einem ähnlichen Projekt, das bereits seit 2019 in Nordrhein-Westfalen existiert. Dort heißen die speziell geförderten Einrichtungen »Talentschulen«.

Das Beispiel NRW zeigt aber auch, wie schwer es gerade für Brennpunktschulen ist, Förderung zu erhalten. Das geht mit der Auswahl los: Auf der Liste der 60 zu fördernden Schulen finden sich mehr Gymnasien als Hauptschulen. Bahar Aslans Schule gehört nicht zu den Talentschulen. Das größte Problem dieser Schulen ist nicht das Geld, sondern der Personalmangel. Der Lehrermangel trifft besonders die Schulen, die als schwierig gelten. »Wenn ein Berufsanfänger aus 25 Angeboten wählen kann, muss er schon sehr idealistisch sein, um zu uns zu kommen«, sagte ein anderer Lehrer, Achim Elvert, der *Süddeutschen Zeitung* im Dezember 2021. Elvert leitet eine Gesamtschule in Gelsenkirchen, viele Stellen bekommt er nicht besetzt.

Der Bedarf ist so groß, dass Absolventen sich ihre Schule aussuchen können. Kaum jemand geht an eine Hauptschule. Die Kölnerin Aslan ist nach eigenen Worten vor einigen Jahren auf eigenen Wunsch an die Hauptschule in Gelsenkirchen gegangen, weil sie hoffte, etwas bewirken zu können. Wie viele andere Lehrerinnen und Lehrer ist sie seit der Coronapandemie erschöpft und dünnhäutig geworden.

Schülerinnen und Schülern mit Hauptschulabschluss nimmt die Pandemie die Aussichten auf einen Ausbildungsplatz, weil sie weniger Alternativen haben als Jugendliche mit Abitur. Eine Befragung der Bertelsmann Stiftung aus dem Frühjahr 2021 unter 1743 Jugendlichen zwischen 14 und 20 Jahren zeigt, dass

78 Prozent der Jugendlichen mit niedriger Schulbildung davon ausgehen, dass sich ihre Chancen auf einen Ausbildungsplatz durch die Coronapandemie verschlechtert haben.

Mein Sohn, der Erstklässler, wird wahrscheinlich im Jahr 2082 in Rente gehen. Falls es dann noch so etwas wie Rente gibt. Er wird im Laufe seines Lebens große Umwälzungen erleben: die Vollautomatisierung der Produktion, Hitzewellen, Fluten, Pandemien als Folge des Klimawandels. Was braucht er, was muss er lernen, um gerüstet zu sein? Ein kostenloses Mittagessen reicht wahrscheinlich nicht. Grundqualifikationen wie Lesen und Schreiben: selbstverständlich. Aber müsste man nicht angesichts der unsicheren Zukunftsaussichten fragen, wie Kinder und Jugendliche gestärkt werden können, um in unserer zunehmend unbeständigeren Welt klarzukommen? Der Bildungsforscher Klaus Zierer fordert einen »pädagogischen Klimawandel«: Er will die Lehrpläne entschlacken und Inhalte daraus verbannen, die für das Leben der Schüler keine Bedeutung haben werden. Er wirbt dafür, Bildung nicht nur auf Kompetenzen in Mathematik, Sprachen und Naturwissenschaften wie bei den Pisa-Studien zu verkürzen, sondern auch Kreativität und Empathiefähigkeit zu lehren. Kann man auf den Satz des Pythagoras verzichten? Was sollen Kinder wirklich in Schulen lernen? Darüber müsste diskutiert werden.

Denn wenn die Kinder mit der Maske die Schule verlassen und junge Erwachsene sein werden, wird die Welt wie wir, ihre Eltern, sie kennen, eine andere sein.

DIE RENTEN SIND SICHER – DIE ZUKUNFT DER KINDER NICHT

Über Generationengerechtigkeit

Nach der Bundestagswahl 2021 wurde bekannt, wer von der Coronakrise finanziell profitieren würde: die Rentner. Die Altersbezüge werden in den Jahren 2022 und 2023 so stark angehoben wie in den vergangenen Jahrzehnten nicht mehr. In Westdeutschland können die Auszahlungen laut Expertinnen und Experten um bis zu zehn, in Ostdeutschland sogar um zwölf Prozent steigen. Ruheständler werden dank der Gesetzeslage zu Krisenprofiteuren, jedenfalls im Vergleich zu Arbeitnehmern, kommentierte *Die Zeit* im November 2021.

Während die Löhne und Gehälter der Beschäftigten in den vergangenen Jahren geschrumpft sind, sammelt sich auf den Konten der Rentner ein Plus. Wie es dazu kommen konnte? Rentnerinnen und Rentner sind seit 2009 gesetzlich davor geschützt, dass es in einer Wirtschaftskrise für sie bergabgehen könnte. Ihre Rente kann nicht sinken. Bis 2018 gab es zwar die Regelung, dass bei sinkenden Löhnen und Gehältern die Renten langsamer wachsen, um die Balance zwischen den Generationen zu wahren. Nachholfaktor hieß das. Um den Rentnern etwas Gutes zu tun, schaffte die große Koalition 2018 diesen Mechanismus jedoch ab.

Dass Ruheständler nun zu denjenigen gehören, die finanziell gestärkt aus der Krise hervorgehen, haben vor allem berufstätige Eltern irritiert zur Kenntnis genommen. Damit keine Missverständnisse entstehen: Es geht nicht darum, dem Einzelnen sein Geld zu missgönnen, zudem erhält nicht jeder üppige Bezüge und, wie sollte es anders sein, vor allem nicht jede. Im Schnitt beträgt die Standardrente nach 45 Beitragsjahren 1500 Euro brutto. Die Rente von Frauen ist durchschnittlich 49 Prozent niedriger, wobei die Lücke in Ostdeutschland wegen der traditionell höheren Frauenerwerbstätigkeit etwas geringer ausfällt. Außerdem haben die meisten Menschen neben der Rente weitere Einnahmen. Nach dem Rentenversicherungsbericht von 2021 verfügen Rentnerhaushalte im Westen im Schnitt über ein monatliches Einkommen von 2910 Euro, im Osten sind es 2554 Euro. Es geht auch nicht um Befindlichkeiten oder persönliche Verhaltensweisen, sondern darum, wie man Fragen dieser gesellschaftlichen Dimension generationenübergreifend lösen kann.

Die Unwucht entsteht durch die demografische Verteilung, durch den großen sozialen Block, den Rentner zusammengenommen darstellen und so durch ihre schiere Masse zu einem Machtfaktor werden. Hinzu kommt die gestiegene Lebenserwartung. Was jedoch für den Einzelnen ein Gewinn ist, passt nicht zu den in ganz anderen Zeiten konstruierten Sozialsystemen.

Nun muss man vielleicht einschränkend sagen, dass die bisherigen Erhöhungen auf Schätzungen beruhen. Doch die Renten werden steigen – trotz sich durch die Krise zurückentwickelnder Löhne und Gehälter. Wie fair ist ein Generationenvertrag, wenn eine Seite viel stärker profitiert und die Partner offensichtlich nicht gleichberechtigt sind? Wie viel wurde in der Pandemie beispielsweise für Kinder investiert, also für diejenigen, die künftig die Rente erwirtschaften müssen?

Welche Innovationen gab es für die Jungen und Jüngsten unter uns?

Kinder und Jugendliche sind in der Krise kontinuierlich vergessen oder benachteiligt worden. Das zeigt sich bei den Investitionen in die Infrastruktur unseres Bildungssystems, beispielsweise fehlten noch im Herbst 2021 Luftfilter in Kitas und Schulen. Oder bei rechtlichen Fragen: Die große Koalition unter Angela Merkel ist daran gescheitert, Kinderrechte im Grundgesetz zu verankern. Wenn dies geschehen wäre, hätten alle Maßnahmen, die Kinder betreffen, dahingehend geprüft werden müssen, ob ihr Wohl vorrangig behandelt wird. Wie anders wäre wohl die Pandemiepolitik gelaufen, wenn Kinder auf diese Weise durch das Grundgesetz geschützt gewesen wären?

Zur Ungleichbehandlung der Generationen gehört auch, dass die Bedürfnisse von Jugendlichen abgewertet werden. Wenn Jugendliche sich darüber beschweren, dass sie unter den Einschränkungen während der Pandemie leiden, schlägt ihnen oft Unverständnis oder Häme entgegen. Besonders in Erinnerung ist mir ein Interview im ZDF heute journal geblieben. Im Herbst 2020 hatte eine junge Frau darin gesagt, dass ihr das Feiern fehle: »Ich war jetzt seit März nicht mehr feiern. Und ich war davor drei Mal die Woche irgendwo. Und das ist schon traurig. Ich brauch das nämlich. Ich bin darauf angewiesen. Darauf zu verzichten (…) das geht mir schon echt ab.« Dafür wurde sie in den sozialen Medien wochenlang attackiert.

In Deutschland hat man sich schon lange daran gewöhnt, dass die Rede von den guten Lebensbedingungen für Kinder reine Rhetorik ist. Die Kinderarmut ist seit vielen Jahren trotz Wirtschaftswachstum beschämend hoch. Jedes fünfte Kind sei davon bedroht, heißt es in einem im Sommer 2020 veröffentlichten Fact Sheet der Bertelsmann Stiftung zu Kinderarmut. Der Bericht enthielt auch eine Warnung: »Die Coronakrise wird die Situation für arme Kinder und ihre Familien weiter verschärfen. Es ist mit einem deutlichen Anstieg der Armutszahlen zu rechnen.«

Generationenvertrag heißt, dass die im Arbeitsleben stehende Generation den aus dem Arbeitsleben ausgeschiedenen Menschen durch Steuern und Abgaben die Rente erwirtschaftet. Das Grundkonzept stammt aus einer Zeit von vor etwa 150 Jahren, in der die Menschen statistisch gesehen durchschnittlich 40 Jahre alt wurden und pro Frau vier Kinder bekamen. Mittlerweile hat sich die Lebenserwartung etwa verdoppelt und die Zahl der Kinder pro Frau hat sich mehr als halbiert. Mehr Rentner beziehen im Ruhestand also wesentlich länger Bezüge, die von weniger Jungen erwirtschaftet werden müssen. Das ist alles seit Jahrzehnten bekannt, trotzdem betont die Ampel wie jede Regierung als Erstes beim Amtsantritt: Die Renten sind sicher.

Nun könnte man einwenden, dass es ungerecht gegenüber den Älteren ist, einen Generationenkonflikt heraufzubeschwören. Zumal sie den größten gesundheitlichen Belastungen und Gefahren durch das Virus ausgesetzt sind. Viele von ihnen unterstützen ihre Kinder und kümmern sich um die Enkel. In mancher Hinsicht sind die Generationen enger als je zuvor miteinander verbunden, Oma und Enkelin hören Billie Eilish und tragen Dr. Martens. Nur politisch liegen sie weit auseinander, Jugendliche unter 18 Jahren stimmen bei den rein symbolischen U18-Wahlen am häufigsten für die Grünen, Menschen über 70 wählen traditionell überwiegend CDU. Wie man es bei der Bundestagswahl 2021 gesehen hat.

Es gibt auch keinen direkten Verteilungskampf zwischen Jung und Alt: Kein Kind profitiert automatisch, wenn in Deutschland die Renten sinken. Doch es geht um Grundsätzlicheres, nämlich um die Verteilung von beschränkten Ressourcen wie Geld, Einfluss, Aufmerksamkeit. Kann es funktionieren, dass die Renten sich weiter erhöhen, während diejenigen, die sie erwirtschaften, stärker belastet werden? In welche Richtung bewegt sich eine Gesellschaft, wenn die Entwicklung der Renten von der Lohnentwicklung abgekoppelt ist? Im Jahr 2020 zahlte der Bund bereits einen Zuschuss von 75 Milliarden Euro an die Rentenversicherung. Um die Beiträge und das Rentenniveau stabil zu halten, müssten künftig 60 Prozent des Bundeshaushalts in die Rente fließen, das zeigen Berechnungen des ifo Instituts. Wo wird dafür im Gegenzug gekürzt?

Allerdings ist auch wahr: Einen Generationenkonflikt muss man gar nicht heraufbeschwören. Er erobert sich gewissermaßen selbst die Bühne. Fragt man sich, warum die Interessen von Kindern in der Pandemie so wenig berücksichtigt werden, dann fällt auf, dass die Schieflage zwischen den Generationen schon vorher bestand. In der alternden Gesellschaft wechseln die Prioritäten, und sie werden sich weiter verschieben. Beispielsweise wächst die Bedeutung des Gesundheitssystems. Insofern dürfte die Coronakrise nur einen Vorgeschmack darauf geben, wie stark die Krankenhäuser und Intensivstationen künftig in Anspruch genommen werden, wenn die geburtenstarken Jahrgänge aus den 1960er Jahren älter werden und mehr medizinische Betreuung brauchen.

In Lebensbereichen, die vor allem die jüngeren und künftigen Generationen betreffen, gab es in den vergangenen Jahren kaum Fortschritte. Die Bekämpfung des Klimawandels oder die Digitalisierung kamen eher schleppend voran. Maßnahmen wie der Ausbau der erneuerbaren Energien, ein früherer Kohleausstieg oder ein schnelleres Verbot des Verbrennungsmotors wurden wider besseres Wissen unterlassen. Ob die neue Regierung hier dauerhaft und tatkräftiger zu Werke geht, wird sich zeigen. Die überwiegende Last liegt, was die Klimapolitik betrifft, auf den Schultern des Grünen-Wirtschaftsministers Robert Habeck. Er hat ambitionierte Pläne und will die erneuerbaren Energien in den kommenden Jahren stark ausbauen.

Durch die Pandemie sind die bestehenden Ungerechtigkeiten deutlicher zutage getreten. Dazu ein paar Zahlen aus dem Jahr 2021: Insgesamt gibt es laut Deutscher Rentenversicherung etwa 21 Millionen Rentner, davon sind rund sechs Millionen älter als 80 Jahre. 1990 gab es drei Millionen über 80-Jährige. Bei der Bundestagswahl 2021 waren 40 Prozent der Wähler über 60 Jahre alt. Ähnlich sieht es dort aus, wo politische Ideen diskutiert und gebündelt werden: Knapp die Hälfte der Mitglieder aller Parteien ist laut Bundeszentrale für politische Bildung über 60 Jahre alt. Lediglich die Mitglieder der FDP und der Grünen sind etwas jünger. Die Zahl der Kinder nimmt seit den 1990er Jahren kontinuierlich ab. Knapp 14 Millionen Menschen sind in Deutschland unter 18 Jahre alt, das entspricht einem Sechstel der Bevölkerung. Der Anteil der Menschen, die über 60 Jahre alt sind, ist mit knapp 24 Millionen deutlich größer.

Obwohl sie zahlenmäßig in der Minderheit sind, werden Kinder immer weniger vermisst, weniger Menschen sehnen sich nach Familie. Laut Bildungsbericht 2020 wird die Zahl der Kinder in den nächsten zehn Jahren weiter zurückgehen. Im Jahr 2060 wird nach Berechnungen des Statistischen Bundesamtes etwa jede dritte Person in Deutschland 65 Jahre alt sein oder älter.

In den vergangenen 20 Jahren wurde die Familienpolitik in Ansätzen reformiert, um mehr Paare zum Kinderkriegen zu ermutigen und die Vereinbarkeit von Beruf und Familie zu ermöglichen, zum Beispiel durch die Einführung des Elterngeldes und den Ausbau der Kinderbetreuung. Die Bilanz ist gemischt: Nach einem kurzen Anstieg im Jahr 2016 ging die Geburtenrate wieder zurück. In einer breiten Untersuchung der Österreichischen Akademie der Wissenschaften von 20 Ländern im Jahr 2019, die im Fachjournal *Population Research und Policy Review* veröffentlicht wurde, wünschten sich die Deutschen am wenigsten Nachwuchs. Zu Beginn der Krise gab es die Hoffnung, dass durch den Lockdown die Geburtenzahlen steigen könnten. Noch im Februar 2021 fragte der *Spiegel* hoffnungsvoll: Wird es einen Babyboom geben? Es gab ihn nicht, sondern einen weiteren Rückgang auf niedrigem Niveau: 2020 kamen 5000 Babys weniger zur Welt als im Vorjahr. Auch zwischen Januar und Mai 2021 gab es laut Statistischem Bundesamt keine gravierenden Veränderungen.

In der Krise zeigt sich, dass die Familienpolitik in den vergangenen Jahren zu lückenhaft, widersprüchlich und zu wenig nachhaltig war. Nachdem die Betreuung von Kindern durch Kita, Schule und Hort professionalisiert wurde, verlegte man sie während des ersten und zweiten Lockdowns ohne Abwägung der Konsequenzen zurück nach Hause. Zurück ins Private.

Die neue Bundesregierung unter der Führung des Sozialdemokraten Olaf Scholz will die Interessen der Generationen besser ausbalancieren. Geht man davon aus, dass Menschen, die selbst Nachwuchs am Küchentisch sitzen haben, die Interessen von Kindern besser vertreten können, gibt es Hoffnung: Die neuen Ministerinnen und Minister haben 17 Kinder im Kita- und Schulalter, das alte Kabinett kam auf acht. Eine der ersten Ankündigungen lautete, dass der Nachholfaktor bei der Rente wieder eingeführt werden soll. Die Erhöhung der Altersbezüge dürften also in den nächsten Jahren nicht ganz so üppig ausfallen wie gedacht.

Geplant ist auch die Einführung der »Kindergrundsicherung« – eine Maßnahme, die Expertinnen und Experten seit Langem fordern. Bisher sind laut einer Studie der Bertelsmann

Stiftung aus dem Jahr 2020 in Deutschland etwa 20 Prozent der Kinder armutsgefährdet. Armut heißt laut Statistik zunächst, dass eine Familie mit weniger als 60 Prozent des Durchschnittseinkommens auskommen muss. Eine alleinerziehende Mutter mit einem Kind unter 14 Jahren gilt als arm, wenn sie weniger als 1460 Euro zur Verfügung hat. Armut bedeutet aber auch, dass ein Kind wahrscheinlich in einer engen Wohnung in einem sozial schwächeren Viertel lebt, dass wenig Geld für gesunde Ernährung, Förderung und Ausflüge vorhanden ist. Bereits im Alter von sechs Jahren können Kinder armer Eltern sich weniger konzentrieren, schlechter sprechen und sie sind häufiger übergewichtig und krank.

In der Kindergrundsicherung sollen laut Koalitionsvertrag alle bisherigen Leistungen zusammengelegt und automatisiert ausgezahlt werden, unter anderem das Kindergeld, der Kinderfreibetrag, die Regelsätze aus dem Hartz-IV-System. Kindergrundsicherung klingt nach Rundum-Sorglos-Paket. Doch was heißt das konkret, vor allem, wenn man bedenkt, dass ein Baby, rein ökonomisch betrachtet, viel weniger braucht als ein Teenager? Ist es nur ein neuer, schicker Name? Ob das Werkzeug wirklich gegen Kinderarmut hilft, hängt von der Ausgestaltung der Kindergrundsicherung und von der Summe ab, die am Ende ausgezahlt wird.

Nach den Plänen der Grünen soll ein Garantiebetrag von einheitlich 290 Euro pro Kind und Monat gezahlt werden, unabhängig vom Haushaltseinkommen. Je nach Alter des Kindes, Bedarf und Einkommen der Eltern soll die Summe um einen Plusbetrag aufgestockt werden, der in etwa dem Hartz-IV-Satz entspricht. Ein arbeitsloses Paar würde nach Berechnungen des ifo Instituts aus dem Jahr 2021 für ein bis zu fünf Jahre altes Kind insgesamt 409 Euro im Monat bekommen. Für ältere Kinder steigt der Betrag auf maximal 547 Euro. In dem Gutachten wird aber auch vor negativen arbeitsmarktpolitischen Folgen gewarnt: Eltern würden bei einer hohen Grundsicherung womöglich weniger arbeiten. Laut ifo Institut betragen die Kosten zwischen 27 und 33 Millionen Euro.

Wie sich die Sozialpolitik in einer alternden Gesellschaft ändert, dazu gibt es wenige Untersuchungen. Eine stammt von dem Politologen Harald Wilkoszewski. »Je älter ein Bundesbürger, desto weniger familienfreundlich ist die Politik, die er sich wünscht«, schreibt er in seiner sehr detaillierten Untersuchung für das Max-Planck-Institut für demografische Forschung Rostock. Ältere seien demnach seltener als Jüngere für eine Erhöhung des Kindergeldes, Steuererleichterungen für Eltern oder staatliche Ausgaben für Kinderbetreuung. Dass ein 65-Jähriger eine Erhöhung des Kindergeldes befürworte, sei um 85 Prozent weniger wahrscheinlich als das Einverständnis eines 20-Jährigen.

»Die Politik sollte das Konfliktpotenzial, das sich in den sozialpolitischen Einstellungen zwischen Alt und Jung, von Kinderlosen und Eltern andeutet, nicht weiter ignorieren«, schreibt der Politologe. Die Studie ist schon etwas älter, sie stammt aus dem Jahre 2009. Neuere Forschungen bestätigen, dass beispielsweise die Zustimmung zu höheren Bildungsausgaben mit zunehmendem Alter abnimmt. Die Schweizer Politologin Silja Häusermann untersucht mit ihrem Team seit einigen Jahren im Rahmen des Projekts »Welfare Priorities« die Haltung zum Wohlfahrtsstaat in verschiedenen westeuropäischen Ländern, darunter auch Deutschland. Quer durch alle Länder und Parteipräferenzen nannten 2018 nahezu alle Befragten die Renten als wichtigstes Thema, vor Ausgaben für Bildung, Kinderbetreuung und Integration.

Doch es gibt Anzeichen dafür, dass sich die Haltung im Laufe der Krise womöglich verändert. Silja Häusermann und ihre Kollegen wiederholten im ersten Halbjahr 2020 ihre Panel-Befragung, dabei stellte sich heraus, dass besonders in Deutschland die Bedeutung von Rentenerhöhungen im Vergleich zu 2018 gesunken ist. Die Befragten betonten nun eher die Wichtigkeit von Kinderbetreuung und Arbeitsmarktpolitik. Die Schweizer Wissenschaftler schlussfolgerten, dass sich für die Politik daraus ein »Fenster der Möglichkeiten« ergibt, um überfällige Reformen durchzusetzen. Doch es ist unklar, ob es sich nur um eine Momentaufnahme handelt.

Das Thema bekommt durch die Pandemie und die Strategien ihrer Bekämpfung wieder mehr Brisanz. Wenn man davon ausgeht, dass die Ergebnisse der Spannungen zwischen Jung und Alt ihre Gültigkeit nicht verloren haben, wird die Politik künftig stärker vermitteln müssen. Die Ampel-Regierung will den Eindruck eines neu aufziehenden Generationenkonfliktes möglichst vermeiden. Bei der Frage, wie die Rentenlücke künftig gestopft werden soll, wird ausgerechnet wieder auf die Frauen geschaut. Im Koalitionsvertrag heißt es: »Die umlagefinanzierte Rente wollen wir durch Erwerbsbeteiligung von Frauen, älteren Arbeitnehmerinnen und Arbeitnehmern sowie erwerbsbezogene und qualifizierte Einwanderung stärken.« Die Anhebung des Rentenalters und Rentenkürzungen werden im Koalitionsvertrag ausgeschlossen. So viel zu Generationengerechtigkeit.

Zur Rettung der Rente sollen Mütter – die bisher verkürzt arbeiten – möglichst in die Vollzeitbeschäftigung wechseln, der Acht-Stunden-Tag gilt weiter als Norm. Wer macht dann zu Hause die Arbeit, kümmert sich um Kinder und pflegebedürftige Angehörige? Dazu müsste man dann im Gegenzug die Väter verpflichten.

ALLE FÜR EINE, EINE FÜR ALLE?

Warum es in der Krise keine Mütterrevolte gab

Im November 2021 veröffentlichte der Medizin-Influencer Marc Raschke, dem auf Instagram 90 000 Menschen folgen, einen viel diskutierten Text, in dem er Eltern – vor allem aber Mütter – angriff. Er warf ihnen vor, in den vergangenen zwei Pandemiejahren nicht genug gegen die Einschränkungen von Kindern und Jugendlichen protestiert zu haben. Raschke ist hauptberuflich Sprecher einer Klinik in Dortmund. Auf seinem Instagram-Kanal informiert er über Corona, ein Gespräch mit dem Immunologen Carsten Watzl sahen sich über 100 000 Menschen an.

Raschke bezog sich – ohne ihren Namen zu nennen – auf einen Beitrag der Buchautorin Marlene Hellene. Sie hatte angesichts erneut abgesagter Freizeitbeschäftigungen, wie Schwimmkurse und Ballett, ihre Frustration und Enttäuschung über politische Entscheidungen formuliert: »Wie es Kindern und Familien geht in der Pandemie, ist kein Geheimnis. Nur es wird weggeschaut, und das mit Absicht und Vorsatz.«

Es ginge nicht um Schwimmkurse und Ballett, schrieb Marc Raschke. Er attestierte Müttern Passivität und Feigheit, sie brächten nicht mehr als ein »Protestchen« zustande: »Da wird dann ›Ich muss ja funktionieren‹ als Ausrede genommen, weil man insgeheim vor großem Protest zurückschreckt. Weil es nicht geheuer ist. Weil man so etwas doch noch nie gemacht hat. Weil sowas doch auch unanständig ist.« In seinem Post forderte er außerdem mehr »zivilen Ungehorsam«, ohne konkret zu sagen, was er damit meint.

Der Begriff »ziviler Ungehorsam« hat eine lange, komplizierte Geschichte. Allgemein gilt ziviler Ungehorsam als konstruktive Form der politischen Mitwirkung, um auf Ungerechtigkeiten aufmerksam zu machen. Formen und Ziele sind breit gefächert. Der Philosoph Jürgen Habermas definierte ihn einmal als moralisch begründeten Protest, dem nicht nur private Glaubensüberzeugungen zugrunde liegen dürfen. Ich erinnerte mich, als ich Raschkes Post las, an Bilder aus dem Kampf gegen den Klimawandel, wenn Aktivisten Firmengelände oder Straßen blockieren, oder an Hausbesetzungen bei Protesten für eine gerechte Wohnungspolitik. In der Pandemie berufen sich auch Querdenker auf »zivilen Ungehorsam«, wenn sie ohne Maske gegen die Hygieneregeln demonstrieren.

Natürlich gab es heftige Reaktion auf Raschkes provozierenden Text. Über tausend Nutzerinnen, es waren vor allem Frauen, kommentierten seinen Eintrag, die meisten ablehnend. Viele der Kommentare geben die häufig verzweifelte Stimmung der Frauen im zweiten Pandemiejahr wieder.

Eine Frau schrieb: »Manche Familien leben an der – mit Verlaub – Kotzgrenze und dann kommt solch ein polemischer Bullshit. Wir machen unseren Job und versuchen dabei zu Überleben zwischen Lockdown, Homeschooling und finanziell zum Leben wichtiger Erwerbsarbeit.« »Dieser Post ist ein Schlag ins Gesicht der Eltern, die seit Beginn der Pandemie nur noch gegen das Ertrinken ankämpfen, deren Ressourcen seit Monaten bereits im Minusbereich sind, die sich zerreißen zwischen Care-Arbeit und das schon in Zeiten, in denen keine Pandemie das Leben schwer macht. Und nun sind auch noch die Eltern dran schuld, dass die Politik uns systematisch ignoriert? Das ist Victim Blaming! Das System macht Familien kaputt«, schrieb eine andere. Ein weiterer Kommentar lautete: »Was sollen wir der Politik noch abnehmen, wir sind fertig, ausgelaugt, wir zerreißen uns jeden Tag, fangen die Sorgen der Kinder auf, haben aber selbst niemanden, der uns auffängt.«

Nun könnte man darüber diskutieren, inwieweit Raschkes Wortwahl sensibel ist. Man könnte auch fragen, ob es stimmt, dass die Proteste der Eltern zu zaghaft waren und wie »ziviler Ungehorsam« hier aussehen müsste. Aber Marc Raschke traf auch einen wunden Punkt. Es hatte keinen breit organisierten Protest von Seiten der Frauen gegen die ungerechten politischen Maßnahmen gegeben. Die Mütterrevolte ist ausgeblieben.

Warum? – Auf der Suche nach einer Antwort kann man als Frau leicht in die Defensive geraten. Man fühlt sich dann wie das Paradebeispiel der Ausreden suchenden, schwachen, zögerlichen Frau, zu der Mütter kollektiv gemacht werden, wenn man ihnen mal wieder mangelnden Einsatz vorwirft. Das ist natürlich Unsinn und ein weiterer Beleg für eine männliche Festschreibung von Weiblichkeit, wie wir sie seit Jahrhunderten kennen. Aber die Frage bleibt: Warum hat es diesen Protest bis heute nicht gegeben? Die Beantwortung ist komplizierter, als es auf den ersten Blick scheint.

Große gesellschaftliche Krisen und Umbrüche waren in der Geschichte oft auch ein Katalysator für mehr Emanzipation. Nach Erstem Weltkrieg, Novemberrevolution und der Entstehung der Weimarer Republik wurde das Frauenwahlrecht eingeführt. Bürgerliche Frauenvereine, Sozialdemokratinnen und Gewerkschafterinnen hatten gemeinsam dafür gekämpft. Nach dem Zweiten Weltkrieg wurde die DDR gegründet, der neue Staat brauchte Arbeitskräfte und holte die Frauen in die Fabriken. Bereits in den 1950er Jahren begann in der DDR ein flächendeckender Ausbau von staatlichen Krippen und Kindergärten. Ende der 1960er Jahre – im Zuge der Studentenproteste – entwickelte sich die westdeutsche Frauenbewegung.

Es ist heute fast vergessen, dass die westdeutsche Frauenbewegung ihren Ursprung vor allem in der Wut und Frustration von berufstätigen Müttern hatte. Ich denke an die Frauen im Umfeld des Sozialistischen Deutschen Studentenbunds (SDS) in West-Berlin Ende der 1960er Jahre. Sie wollten bei der Planung von Demonstrationen mitreden, Aktionen aktiv begleiten oder auch nur Zeit zum Nachdenken haben. Doch mangels Kinderbetreuung saßen sie abends zusammen in der WG-Küche, während »ihre« Männer Revolution machten. Bei Kongressen hatten sie weniger Redezeit oder wurden nach ihren Beiträgen lächerlich gemacht. Damals war Kinderbetreuung ausschließlich Frauensache, Kindergärten und Krippen gab es kaum und die, die es gab, waren überfüllt und von schlechter Qualität.

Doch die Frauen schlugen zurück: Sie schlossen sich zusammen. Eines der wichtigsten Flugblätter aus jener Zeit beginnt mit dem Satz: »Wir sind neidisch und wir sind traurig gewesen.« Es wurde von Helke Sander und einigen anderen Frauen verfasst und 1968 an der Freien Universität Berlin verteilt. Es folgten zahlreiche Treffen und Versammlungen, aus denen der Aktionsrat zur Befreiung der Frauen hervorging. Es ging den Frauen am Anfang vor allem darum, sich gegenseitig bei der Betreuung der Kinder zu entlasten und neue Möglichkeiten der Erziehung auszuloten. In dem Flugblatt heißt es: »Der von der bürgerlichen Gesellschaft vorgeschlagene Weg zur Emanzipation ist uns nicht ganz gelungen. (...) Die, die Kinder hatten, begriffen schneller, dass die bestehenden Arbeitsverhältnisse die kommende Generation einfach abmurksen – durch autoritäre Staatskindergärten, die muffige Atmosphäre enger Familienverhältnisse oder die nervöse Hast alleinstehender Frauen. Uns brauchte keine wissenschaftliche Analyse klarzumachen, dass diese Gesellschaft sich ändern muss.« Gleichberechtigung könne es nur in einer Gesellschaft geben, die frei von Unterdrückung ist, heißt es weiter.

Die Schriftstellerin Annett Gröschner, die ein Buch über 50 Jahre Berliner Frauenbewegung geschrieben hat, hält diesen Text für wegweisend. Was die Aktivistinnen damals formulierten, wenn auch noch nicht so ausdifferenziert, komme dem nahe, was heute der intersektionale Feminismus mit anderen Begriffen beschreibt: dass Frauen nicht nur wegen ihres Geschlechts, sondern auch wegen ihrer sozialen Herkunft und ihrer Hautfarbe und Ethnie diskriminiert werden.

Zum Mythos wurde der inzwischen legendäre Tomatenwurf auf der 23. Delegiertenkonferenz des SDS am 13. September 1968. Damals stand die hochschwangere Studentin Sigrid Rüger auf und bewarf das Podium mit Tomaten, weil sämtliche männlichen Studentenführer einen Redebeitrag von Helke Sander übergehen wollten.

Wenn man Texte und Dokumente von damals liest, staunt man, wie aufmüpfig und kreativ die Frauen waren. Man spürt einen großen Willen zur Veränderung der Gesellschaft. Helke Sander und ihre Mitstreiterinnen kämpften für die Rechte von Frauen und Kindern sowie für eine Neubetrachtung von Bildung und Erziehung. Sie waren Mütter, wollten aber nicht als Mütterverein wahrgenommen werden. Manches klingt erschreckend aktuell. »Die Frauen, die heute studieren können, haben das nicht so sehr der bürgerlichen Emanzipationsbewegung zu verdanken, sondern vielmehr ökonomischen Notwendigkeiten. Wenn diese Privilegierten unter den Frauen Kinder bekommen, werden sie auf Verhaltensmuster zurückgeworfen, die sie meinten, dank ihrer Emanzipation überwunden zu haben. Diese Frauen merken spätestens, wenn sie Kinder bekommen, dass ihnen all ihre Privilegien nichts nützen«, sagte Helke Sander 1968 in ihrer SDS-Rede. Über 50 Jahre später haben sich viele Forderungen von damals immer noch nicht umsetzen lassen, wie die Coronakrise schmerzhaft deutlich macht.

Kinderfeindlichkeit und Frauenfeindlichkeit wurden Ende der 1960er und Anfang 1970er zusammengedacht, als Folge von Kapitalismus und Patriarchat. Frauen und Kinder zuletzt – dafür besaßen die Feministinnen dieser Zeit ein Bewusstsein. Sie eröffneten in West-Berlin Kinderläden, kämpften für die Liberalisierung des Abtreibungsrechts und klärten über Verhütung auf. Die Eltern-Initiativ-Kitas, die es in Berlin bis heute gibt und die sich großer Beliebtheit erfreuen, stammen oft aus jener Zeit. Fragen der Vereinbarkeit von Mutterschaft und Berufstätigkeit traten dann allerdings im Laufe der 1970er Jahre in den Hintergrund.

Die Gründung des Unabhängigen Frauenverbands in der DDR im Dezember 1989 hat die Politologin Barbara Holland-Cunz einmal als ostdeutschen Tomatenwurf bezeichnet. In der unabhängigen Frauenbewegung versammelten sich verschiedene Gruppen, lesbische Frauen aus dem kirchlichen Umfeld, Frauen aus der Friedensbewegung, theologische Feministinnen. Sie forderten die Schaffung von Bedingungen, die eine Vereinbarkeit von Beruf und Mutter- und Vaterschaft möglich machen.

Ostdeutsche Frauen waren durch die Wiedervereinigung mit einer Situation konfrontiert, die sie nicht kannten. In Westdeutschland waren Frauen seltener berufstätig, und wenn, dann als Zuverdienerinnen. Deshalb mussten sie darum kämpfen, dass die Errungenschaften der DDR-Frauenpolitik nicht untergehen. Wie stark die Unterschiede weiterwirkten, zeigte eine repräsentative Studie vom Institut für Arbeitsmarkt- und Berufsforschung (IAB) aus dem Jahr 2017, bei der es um die Vereinbarkeit von Beruf und Familie ging. Die meisten Frauen (56 Prozent) glaubten demnach, Mütter sollten nach der Geburt des Kindes mindestens drei Jahre aus dem Beruf aussteigen. Interessant wird es, wenn man sich die Unterschiede zwischen Ost- und Westdeutschland anschaut: Vollzeit arbeiten, damit sind laut Befragung auch 30 Wochenstunden gemeint, kommt für westdeutsche Frauen erst infrage, wenn das Kind mindestens sieben Jahre alt ist. Ostdeutsche Frauen können sich das schon wesentlich früher vorstellen, nämlich wenn das Kind etwa vier Jahre alt ist. Befragt wurden Frauen zwischen 18 und 60 Jahren, neuere Auswertungen gibt es laut IAB bisher nicht.

Mitten in der Pandemie und angesichts der Geringschätzung gegenüber Kindern erinnert die Autorin Margarete Stokowski an den Zusammenhang von Kinder- und Frauenfeindlichkeit. Sie zeigt in ihrer *Spiegel*-Kolumne vom 11. Mai 2021, wie sehr Kinder abgewertet und ausgegrenzt werden: mangels sicherer Schulen, unzureichender Digitalisierung, verwirrender Impfempfehlungen für Schwangere, nachbesserungswürdiger Regeln für die Kontaktbeschränkungen, wie zum Beispiel die Ein-Freund-Regel, die vorsah, dass Kinder über Monate hinweg nur noch ein und denselben Freund treffen dürfen sollten.

Mit der Altersdiskriminierung von jüngeren Menschen entstehe eine Form der Ausgrenzung, die eng mit der Diskriminierung von Frauen verbunden ist. »Solange Kinder hauptsächlich von Frauen geboren und erzogen werden, sind Frauen- und Kinderhass nur zwei Seiten einer Medaille«, schreibt Stokowski. Selbstkritisch fügt sie hinzu, dass ihr diese Verbindung lange

»esoterisch« und »eigenartig« vorkam, sie sei aber vom Grundgedanken her richtig.

Anders gesagt: Der geringschätzige Blick auf Kinder ist die verlängerte Sicht der Gesellschaft auf Frauen. Schwangerschaft und Kinder sind immer noch Hemmnisse für Frauen, wenn es um gesellschaftliche Teilhabe und berufliche Aussichten geht. Wenn Männer Väter werden, steigt ihr Gehalt, bei Müttern sinkt es. Hochwertige Kinderbetreuung gibt es immer noch nicht – und verlässlich ist sie auch nicht, wie die Pandemie gezeigt hat.

Über 50 Jahre nach dem Beginn der westdeutschen Frauenbewegung sitzen während der Coronakrise wieder viele Mütter in den Küchen. Diesmal allerdings eher allein, mit sich und dem Licht des Bildschirms. Statt Tomaten werden wütende Kommentare online hingeworfen. Der Ton ist anders als damals, erschöpfter, fatalistischer, destruktiver. Nach zwei Jahren Pandemie, in denen Frauen und Kinder stets die letzten in der Kette waren, haben Mütter oft nur noch Kraft dazu, ihre Wut und ihre Verzweiflung herauszuschreien. Nun braucht die Organisation von Protest nicht unbedingt direkte Kontakte, und auch Wut ist nicht schlecht für Protest, doch die Isolation vieler Frauen und Mütter – und auch ihre Erschöpfung – dürfte einen Anteil daran haben, dass es keine größere und konzertierte Aktion gab.

Was heißt überhaupt Protest? Welche Form der gemeinsamen öffentlichen Äußerung stünde Frauen in der Pandemie zur Verfügung? Die Gründung einer Aktionsgruppe? Eine Demonstration? Ein Streik vor dem Kanzleramt?

Ein Problem dabei ist, dass Formen des Protests in den Pandemiejahren sehr stark von radikal auftretenden Gruppen besetzt wurden. Von Gegnern der Coronamaßnahmen über die Querdenker- und Impfgegnerfraktion bis hin zu Rechtsradikalen, die aus der Unzufriedenheit mit dem Pandemiemanagement Kapital schlagen wollen. Der große Konflikt darum, wie ernst die Krise ist und welche Einschränkungen sie rechtfertigt, mischt sich mit anderen, älteren, schon länger in der Gesellschaft schwelenden Konflikten.

Hinzu kommt: Eine Greta Thunberg des Feminismus – eine Person, die die verschiedenen Richtungen der gegenwärtigen Frauenbewegung repräsentiert – gibt es nicht. Muss es auch gar nicht geben, aber das Fehlen einer zentralen Figur erschwert in Krisenzeiten die Bündelung von Interessen. Was unter Feminismus verstanden wird, ist fließender geworden, schreibt Annett Gröschner. Auch unübersichtlicher. Die Gespräche und Debatten finden auf vielen Plattformen statt, die verschiedenen Gruppierungen treffen seltener aufeinander. Es wird eine große Vielfalt an Themen behandelt: Repräsentation, körperliche Selbstbestimmung, Mental Load, Ausgrenzung, Diskriminierung, Rassismus – um nur einige zu nennen. Kinderrechte spielten im heutigen feministischen Diskurs eher keine Rolle.

Es stimmt auch nicht ganz, dass es gar keinen Protest gab. Im Frühjahr 2020 startete die Journalistin Mareice Kaiser auf Twitter den Hashtag #Coronaeltern, darunter erzählten Eltern – und vor allem Mütter –, wie sie die Krise erleben und was ihnen Entlastung bringen könnte. Hunderte Mütter und einige Väter schrieben über ihre Erfahrungen. Einige Medien berichteten über #Coronaeltern, doch dann verpuffte das Thema. Und obwohl der zweite Lockdown viel länger andauerte, gab es keine Neuauflage.

Das mag auch damit zu tun haben, wie Frauen die Chancen auf Veränderung einschätzen. Das Vertrauen in die Institutionen und die Politik der Bundesrepublik sei vor allem bei Müttern mit Kindern unter 15 Jahren Ende 2020 gesunken und niedriger als beispielsweise bei Vätern oder Menschen ohne

Kinder, schreiben Sonja Bastin und Kai Unzicker in einem Beitrag, der im Januar 2022 in der Fachzeitschrift *Evangelische Jugendhilfe* erschienen ist. Sie haben Daten aus der laufenden Befragung der Bertelsmann Stiftung »Radar gesellschaftlicher Zusammenhang« ausgewertet. Als Ursache vermuten sie, dass besonders Frauen nach den Belastungen im ersten Pandemiejahr mit Sorge in die Zukunft schauen und sich nicht gehört fühlen. Es gebe Anhaltspunkte, dass sich dieses Gefühl im Laufe der Pandemie verstärkt habe.

Wer glaubt, dass sein Rufen vergebens ist, schont lieber die Kräfte und verhält sich ruhig.

Wann immer von »den« Coronaeltern oder »den« Müttern die Rede gewesen ist, schien es, als sei das ein Block, ein Kollektiv. Aber Frauen haben ganz unterschiedliche Interessen und sie sind unterschiedlich benachteiligt in der Pandemie. Sie leben in einer Partnerschaft oder als Single. Auch ihre Prioritäten sind verschieden, die Krise unterstrich vor allem die Konfliktlinien, die es im feministischen Diskurs vorher schon gab.

Die einen wollen eine strukturelle Anerkennung und finanzielle Aufwertung der Care-Arbeit. Andere sehen die Gewährleistung von Kinderbetreuung – die Offenhaltung von Schulen und Kitas – als besten Garant für Gleichberechtigung. Die einen empfinden das Homeoffice als Erleichterung, die anderen als Bestrafung. Die einen fürchten sich am meisten vor dem Virus, sie wollen Luftreiniger für alle Schulen und Kitas, sie fordern mehr Forschung zu den Auswirkungen von Long Covid bei Kindern, sie wollten schnelle Impfungen für Kinder zwischen fünf und elf Jahren (die erst im Dezember 2021 zugelassen wurden). Sie bezeichnen das Aufrechterhalten der Präsenzpflicht in der Schule als gefährliche Strategie und warnen vor einer Durchseuchung der Kinder. Die anderen wollen einen möglichst normalen Alltag für ihren Kinder. Sie verweisen auf die Folgen durch die langen Schulschließungen, wie die Zunahme psychischer Erkrankungen, den Bewegungsmangel, die Handysucht. Dieser Teil der Frauen und Eltern argumentiert, dass Covid-19 bei Kindern meistens mild verläuft und dass für Kinder generell ein Risiko durch Infektionskrankheiten besteht. Manche Frauen haben ihre Meinung im Laufe der Pandemie gewechselt, viele wollen beides: Schutz vor dem Virus und Normalität.

Die Vielfältigkeit der Positionen macht deutlich – sie ließen und lassen sich nicht auf einen Nenner bringen. Ein gemeinsamer Protest bedarf aber eines Narrativs, auf das sich viele einigen können. Wenn man sich nicht einig werden kann, wogegen man kämpft, fällt es schwer, gemeinsame Forderungen aufzustellen. Die skizzierte Unübersichtlichkeit wird durch die Aktionsgruppen, die im Laufe der Pandemie entstanden, gespiegelt. Nachdem es im ersten Pandemiejahr bei den #Coronaeltern um die Belastungen der Frauen ging, verlagerte sich die Diskussion 2021 mehr in Richtung Kinderrechte. Dass beides miteinander verbunden ist, dass es das eine ohne das andere nicht geben kann, wurde eher selten thematisiert.

Aus der Facebook-Gruppe »Eltern in der Krise«, in der sich Tausende vor allem frustrierte Mütter im ersten Lockdown zwischen März und April 2020 zusammengeschlossen hatten, entstand im Laufe jenes Frühjahrs die »Initiative Familie«. Die Gruppen wurden von Frauen gegründet, ohne explizit feministisch zu sein. Die Gruppe »Eltern in der Krise« hat auf Facebook rund 15 000 Mitglieder, die »Initiative Familie« knapp 3000. Letztere wird von der ehemaligen Familienministerin und CDU-Politikerin Kristina Schröder unterstützt. Sie kämpft für eine Anerkennung der Schäden, die durch die Schließung von Kitas und Schulen entstanden sind, und setzt sich für das Offenhalten von Bildungseinrichtungen ein, mit Tests und Impfungen.

Im April 2021 veröffentlichte die »Initiative Familie« einen offenen Brief an die damalige Bundeskanzlerin Angela Merkel und die Berliner Schulsenatorin Sandra Scheeres, um auf die Lage von Kindern und Jugendlichen in der Pandemie aufmerksam zu machen. »Die Solidarität, die wir Kindern bereits seit Monaten abverlangen, geht auf Kosten ihrer Bildungs- und Entwicklungschancen, ihrer psychischen Gesundheit und ihrer körperlichen Unversehrtheit«, heißt es in dem Brief. 5000 Eltern sowie Kinderärzte, Psychologen und andere Experten haben den Brief unterschrieben. Zu den Unterzeichnern gehören die Virologen Jonas Schmidt-Chanasit, Klaus Stöhr und Detlev Krüger, der frühere Leiter der Charité-Virologie.

Der Erfolg dieser Initiative führte zu Widerspruch bei anderen Müttern und einigen Vätern, die sich mehr Vorsicht wünschten. Sie warben für Abstandsregeln, Masken im Unterricht oder Distanzunterricht, solange bis alle geimpft sind. Diese Eltern versammelten sich in der Gruppe »BildungAberSicher«. Beide Gruppen lieferten sich in den sozialen Medien hitzige Gefechte. Sie übersahen, dass sie eigentlich ein gemeinsames Ziel hatten: das Wohl und die Sicherheit der Kinder.

Bei aller Vielstimmigkeit, Widersprüchlichkeit und Beweglichkeit der Argumente und Meinungen ist doch in den vergangenen zwei Jahren etwas Neues passiert: Zum ersten Mal nach langer Zeit machen viele Frauen eine gemeinsame Erfahrung. Unabhängig von ihrem sozialen Milieu, von ihrer jeweiligen Berufsgruppe oder der Form ihrer Partnerschaft. Viele dieser Frauen sind Mütter.

Es ist eine Erfahrung der kollektiven Benachteiligung in einer Krisensituation. Sie hat Auswirkungen auf die Gesundheit von Frauen, ihre ökonomische Situation und das eigene Rollenverständnis. Und sie führt zu der Frage: Warum machen wir das alles mit? Wie wollen wir eigentlich leben? Was für eine Gesellschaft, was für eine Welt hinterlassen wir unseren Kindern?

Man kann diese Erfahrung – thesenhaft – eine kollektive Bewusstwerdung nennen. Sie ist ein wichtiger Prozess, der Verzweiflung, Wut oder Erschöpfung in produktive Bahnen lenken könnte. Ob es einen Protest hätte geben müssen, das ist vielleicht die falsche Frage zur falschen Zeit.

Vielleicht sollten wir uns eher fragen, was passieren muss, damit der feministische Diskurs eine größere und gesellschaftsverändernde Wirkung erzielt. Dazu würde gehören, eine Vorstellung von Gesellschaft zu formulieren, die über das hinausgeht, was beispielsweise im Koalitionsvertrag der Ampelregierung formuliert ist. Mehr als Klein-Klein, hier eine neue Maßnahme, da ein Monat Elternzeit mehr, hier ein längst überkommener Paragraf weg, dort ein Quotenzugeständnis.

Kinderrechte gehören viel stärker als bisher in den feministischen Diskurs. Nur so kann verhindert werden, dass Frauen und Kinder in der nächsten Krise wieder zuletzt bedacht werden. Denn die Rechte von Frauen und Kindern gehören zusammen und müssen zusammen erstritten werden. Der Kampf für mehr Gleichberechtigung von Frauen bedeutet damit auch, für mehr Kinderrechte zu kämpfen.

Ich würde sogar noch einen Schritt weiter gehen. Die Pandemie hat gezeigt, dass es wahrscheinlich nicht ausreicht, Kinderrechte im Grundgesetz zu verankern. Das Wahlrecht für Kinder könnte ein Baustein sein für eine demokratischere, gerechtere Welt, in der Kinder nicht mehr Bürger zweiter Klasse sind. Einem Kinderwahlrecht wäre auch nicht mit der rein kosmetischen Senkung des Wahlalters auf 16 Jahre Genüge getan, wie von der Ampelkoalition geplant, sondern müsste durch die Aufhebung der Wahlaltersgrenze erfolgen.

Es scheint vielleicht ein großer Schritt zu sein von den abgesagten Ballett- und Schwimmstunden, von der Isolation der Kinder und Mütter, um die es anfangs ging, zu der Forderung, Frauen- und Kinderrechte zusammenzudenken, und zum Vorschlag einer Wahlrechtsreform, doch wir brauchen Antworten auf die drängenden Fragen: Wer wird gehört? Wer setzt sich durch? Wessen Interessen werden repräsentiert? Zumal in einer alternden Gesellschaft, die immer stärker durch den demografischen Wandel geprägt sein wird. Ich habe die politischen Verteilungskonflikte, die allein durch die zahlenmäßige Übermacht einer älteren Wählerschaft entstehen können, im vorangegangenen Kapitel beschrieben.

Kinder sollten ab Schuleintrittsalter das Wahlrecht haben, wie der britische Politikwissenschaftler David Runciman fordert. »Politiker reden davon, die Jugend für die von ihr in der Coronakrise erbrachten Opfer zu belohnen, aber unser politisches System bietet wenig Anreize für Politiker, diesen Worten Taten folgen zu lassen. Die jungen Menschen können plausibel behaupten, dass die Demokratie sie derzeit in mehrfacher Hinsicht diskriminiert«, schreibt er im November 2021 im britischen *Guardian*.

Ein Argument, das häufig gegen das Kinderwahlrecht vorgetragen wird, lautet, dass Kindern die politische Reife fehlt. Sicher würde es einem Sechsjährigen schwerfallen, das Prinzip der Schuldenbremse oder der kalten Progression zu erklären. Aber können das alle Erwachsenen? Ein anderes Argument lautet, dass Kinder wahrscheinlich das wählen würden, was ihnen ihre Eltern einflüstern. So ähnlich wurde vor rund 100 Jahren von den Gegnern des Frauenwahlrechts argumentiert, merkt Runciman an. Frauen würden das wählen, was ihnen ihre Ehemänner vorschrieben, hieß es. Es kam bekanntlich anders. Es sei eine Vorstellung aus dem 19. Jahrhundert, der Zeit vor der Einführung des allgemeinen Wahlrechts, dass man zum Wählen eine besondere Kompetenz brauche. Das Wahlrecht ist ein Recht, dass allen Mitgliedern einer demokratischen Gemeinschaft zusteht, die mit den Konsequenzen dieser Entscheidungen zu leben haben, schreibt Runciman. Also Kindern und Erwachsenen.

Die Forderungen nach einem Kinderwahlrecht haben in den vergangenen 20 Jahren zugenommen. In Deutschland legten 1993 ein 13-Jähriger und ein 16-Jähriger Verfassungsbeschwerde ein, die allerdings abgelehnt wurde. 2013 startete die Stiftung für die Rechte zukünftiger Generationen eine Kampagne zur Aufhebung der Wahlaltersgrenze.

Im Zuge des Klimawandels hat das Thema neue Aufmerksamkeit bekommen. Die Frage, was getan werden muss, damit nachfolgende Generationen noch die gleichen Rechte haben werden wie wir, wird drängender. »Das Wahlrecht für Kinder ist von entscheidender Bedeutung, um moderne Gesellschaften demokratischer zu machen. Es ist die einzige Möglichkeit, Druck auf die politischen Entscheidungsträger auszuüben, damit sie auf die Erfahrungen aller reagieren und nicht nur auf die eines Teils der Bevölkerung. (…) Es ist nicht die Antwort auf alles. Aber es muss ein Teil der Lösung sein. Die Dinge müssen neu ausgerichtet werden, und dies ist wohl unsere beste Hoffnung, dies zu erreichen«, schreibt der amerikanische Philosoph John Walls in seinem 2021 erschienenen Buch »Give Children the Vote«.

In Deutschland erhält das Kinderwahlrecht durch die Stiftung für die Rechte zukünftiger Generationen wichtige Unterstützung, aber auch durch ältere Politiker wie Hermann Otto Solms (FDP) oder den ehemaligen SPD-Bundestagspräsidenten Wolfgang Thierse sowie Antje Vollmer von Bündnis 90/Die Grünen. Eine der engagiertesten Anhängerinnen der Idee ist die Sozialdemokratin Renate Schmidt. Sie ist auch diejenige, die die wichtigste familienpolitische Modernisierung der vergangenen 30 Jahre, das Elterngeld, anstieß. Frauen- und Kinderrechte gehören auch für sie zusammen. Sie setzt sich für das Wahlrecht ab Geburt ein, das in den ersten Jahren von den Eltern übernommen wird. Diese Forderung ist unter anderem wegen der Betrugsanfälligkeit beim Stellvertreterwahlrecht noch umstrittener als das Kinderwahlrecht für unter 18-Jährige.

In ihrem 2014 erschienenen Buch »Lasst die Kinder wählen« beschreibt Schmidt eine Entwicklung, die sich in der Krise noch stärker gezeigt hat. »Wir haben uns gut eingerichtet in einer Gesellschaft, in der Kinder zur Ausnahme geworden sind«, heißt es dazu. Die Ansprüche der Gesellschaft, Globalisierung, Mobilität, Flexibilisierung widersprachen schon vor der Pandemie dem, was Kinder brauchen: Zeit, Raum, Verlässlichkeit. Nun aber gilt mehr denn je, was Schmidt schon vor acht Jahren betonte: »Eine Gesellschaft, in der die Interessen der Kinder und Enkelkinder den gleichen Stellenwert haben wie die der Großeltern, wird sich mehr um Zukunftsthemen kümmern und Stagnation und Stillstand nicht länger hinnehmen.«

Im Flugblatt der westdeutschen Feministinnen vom Aktionsrat für die Befreiung der Frauen heißt es, dass das Bewusstsein für die politische Bedeutung »der Misere« vertieft werden muss. Auch für die Gegenwart bedeutet das: Die Interessen von Kindern und Frauen müssen zusammengedacht und die Kräfte eines weiblichen Protests darauf konzentriert werden. Es klingt noch utopisch, aber vielleicht könnte die feministische Bewegung dadurch einen neuen Schub erhalten.

DAS ENDE EINES ERFOLGSREZEPTS

Merkels letzte Krise

Im Frühsommer 2020 lobte ich Angela Merkel für ihr Pandemiemanagement. Ich schrieb in einem Beitrag für die *Berliner Zeitung*, dass ich mir fast wünschte, ihre Amtszeit möge niemals enden. Als Angela Merkel knapp eineinhalb Jahre später ihr Amt niederlegte, war ich erleichtert. Dass es der Bundesregierung unter ihrer Führung während der Coronakrise nicht gelang, mit einer Stimme zu sprechen und klare, nachvollziehbare Regeln zu entwickeln, wird uns noch lange beschäftigen.

In Angela Merkels Amtszeit jagte eine Krise die nächste. Finanzkrise, Eurokrise, Ukrainekrise, Flüchtlingskrise, Brexitkrise, Klimakrise und zum Schluss Corona. Sie wird als Krisenkanzlerin in die Geschichte eingehen. Auch wenn nicht alles gelungen ist. Vor allem bei der Bewältigung der letzten Krise ging vieles schief. Dabei schien Angela Merkel vor allem in den ersten Monaten der Pandemie aus ihrer Krisenerfahrung schöpfen zu können und auch hier die bessere Strategin zu sein als beispielsweise der Premierminister Boris Johnson in Großbritannien, der noch stolz allen die Hände schüttelte, als das Virus in seinem Land schon tobte. Doch dann verspielte Deutschland den Vorsprung. Die Politik wirkte aktionistisch, kopflos. Es gab zu lange keine Teststrategie, erst zu wenig

Impfstoff, dann eine schleppend anlaufende Impfkampagne und eine nutzlose Corona-App. Zunächst wurde eine Impfpflicht von der Bundeskanzlerin und ihrer Regierung kategorisch ausgeschlossen, im Dezember 2021 erschien sie Merkel plötzlich »geboten«. Es gab Probleme bei der Abstimmung mit den Bundesländern, eine fragwürdige Schulpolitik und unzählige Kommunikationspannen.

Merkels oft gelobte Kompetenz als Naturwissenschaftlerin erwies sich in der Pandemie zumindest teilweise auch als Nachteil. Die Regierung in Deutschland hat – im Unterschied zu anderen Ländern – vor allem mit den Augen von Virologen auf die Krise geschaut. Die Inzidenz sollte möglichst niedrig gehalten werden. Die Vermeidung jeglicher Infektion wurde absolut gesetzt, soziale, mentale und psychologische Folgen durch Kontaktbeschränkungen rangierten danach.

Während der 16-jährigen Regierungszeit von Angela Merkel habe ich als Journalistin oft über sie und ihre Politik berichtet. Als ich sie einmal traf, fand ich sie sympathisch. Das war 2003 in London, da war sie CDU-Fraktionschefin und stattete dem damaligen Premier Tony Blair einen Besuch ab, beide hatten nach dem Anschlag auf das World Trade Center 2001 in New York den Einmarsch der Amerikaner in den Irak unterstützt. Anschließend gaben sie eine Pressekonferenz, ich berichtete als Korrespondentin der *Berliner Zeitung* darüber. Die CDU stand mir als Partei fern, aber ich mochte Angela Merkel sofort, ihre Stimme, ihren tastenden Gang. Ihr Dialekt, ein leichter Brandenburger Singsang, kam mir sofort vertraut vor, sie redete wie die Erwachsenen in meiner Jugend, meine Eltern, meine Lehrer. Das war etwas Neues, das kannte ich noch nicht. Normalerweise klangen die Stimmen in der Politik damals männlich und westdeutsch, dröhnend Pfälzisch wie bei Helmut Kohl oder kantig Hannoversch wie bei Gerhard Schröder.

Angela Merkel bewegte sich anders als ihre männlichen Politikerkollegen, die mit jedem Schritt ihr Selbstbewusstsein und ihre Anspruchshaltung vermittelten, raumgreifend, breitbeinig. Als sei jeder einzelne Schritt eine Möglichkeit, der Welt seinen Abdruck zu verleihen. Merkel machte kleine, das Terrain prüfende Schritte. Sie lief, wie eine Frau läuft.

Oft wurde ihre Politik als Politik der kleinen Schritte beschrieben. Dabei wird vergessen, dass es auch eine Zeit gab, da hatte Merkel gestalterischen Ehrgeiz. Da wollte sie Deutschland modernisieren und zu mehr Offenheit, Mut und Veränderungswillen animieren. Sie plante in den frühen 2000er Jahren einen radikalen Umbau des Steuer- und Gesundheitssystems, holte 2005 im Wahlkampf den Steuerexperten Paul Kirchhof an ihre Seite. Er sollte unter ihrer Kanzlerschaft Finanzminister werden. Doch dieser Tatendrang machte den meisten Deutschen Angst und hätte sie beinahe die Wahl zur ersten Bundeskanzlerin gekostet. Danach wurde sie vorsichtiger.

Angela Merkel war gut darin, auf Probleme und Konflikte zu reagieren, pragmatisch, nüchtern. Und sie entwickelte über die Jahre einen Politikstil, der bis zur Pandemie funktionierte. Man kann ihn defensiv nennen. Aber das Wort trifft nicht ganz, weil es auch Kraftlosigkeit impliziert. Kraftlos war Merkel nicht. Sie hat sich vor allem in jenen Notlagen gut bewährt, in denen es darum ging, hinter den Kulissen unter Ausschluss der Öffentlichkeit zu verhandeln, hochkomplexe Sachverhalte mit einem eingeweihten Kreis von Beratern, Funktionären und anderen Politikern – mit Experten – zu bearbeiten. Wie sie vorging, darüber ist viel geschrieben worden, über ihr Verhandlungsgeschick, ihre Ausdauer, ihre Vorsicht.

Sie trat erst vor die Öffentlichkeit, wenn es ein Ergebnis gab. Oft waren die Sachverhalte so kompliziert, dass niemand die Details verstand. Wichtig war nur: Merkel präsentiert eine

Lösung. Sie verstand sich als Schutzwall zwischen den Deutschen und den Zumutungen der Welt. Und die Deutschen dankten es ihr. In der Pandemie schien das nicht mehr zu funktionieren – wegen der Geschwindigkeit ihrer Ausbreitung und weil sie alle Menschen und Lebensbereiche hautnah betrifft. Es handelt sich nicht um ein Geschehen weit weg, irgendwo in Brüssel, Athen, Kiew oder Fukushima oder um eine abstrakte Gefahr wie den potenziellen Verlust der Ersparnisse bei der Bankenkrise 2008. Die Krise, in der wir seit Anfang 2020 stecken, stellt unsere Gesellschaft bis in die kleinste Einheit auf den Kopf.

Es sind, vorsichtig ausgedrückt, vor allem die Versäumnisse der letzten Regierungsjahre Angela Merkels, die ihr in der Ausrichtung ihrer Strategie zur Bekämpfung der Pandemie auf die Füße fielen. »Frauen und Kinder zuletzt« – das könnte man auch als Motto über die sich ihrem Ende neigende Amtszeit der Kanzlerin schreiben. Dahinter steckte kein vorsätzlicher Plan oder eine böswillige Absicht. Es hat eher etwas mit einer Wahrnehmung zu tun, die bestimmte gesellschaftliche Bereiche weniger wichtig nimmt als andere und die dadurch nach und nach zu einem blinden Fleck auf der Regierungsagenda werden. Angela Merkel war die Kanzlerin eines Landes, das sich als Industrieland versteht, das durch die Herstellung von Autos und Maschinen reich geworden war, nicht als Dienstleistungsgesellschaft. Ich glaube, man tritt ihr nicht zu nahe, wenn man sagt, dass sie sich dem Schutz der Industrie verpflichtet fühlte.

In ihrem Buch »Über Ungerechtigkeit«, das erstmals 1990 in den USA erschien und 2021 in Deutschland wiederentdeckt wurde, spricht die Politologin Judith Shklar von einer passiven Ungerechtigkeit. Sie beschreibt mit diesem Begriff Ungerechtigkeiten, die durch Unterlassung entstehen und die

Benachteiligung verschärfen. Ein ungerecht Regierender ist nicht nur der, der habgierig oder gewalttätig agiert, sondern auch jener, der blind oder gleichgültig handelt, schreibt sie. Man kann auch ungerecht handeln, indem man nichts tut, indem man Ungleichheiten übersieht. Folgt man Shklar, dann ist eine Pandemie kein Unglück, das über alle gleich hereinbricht. Je nachdem, wie man damit umgeht, was man tut oder was man unterlässt, kann es zu einer Ungerechtigkeit für Teile der Gesellschaft werden. Anders gesagt: Auch eine gute Absicht kann böse Folgen haben. Auch ein eingeschränkter Blick kann zu Kälte führen.

Es scheint, als sei die Krise für Angela Merkel irgendwann zum Normalzustand geworden. Das muss nichts Negatives sein, sondern kann bedeuteten, dass man Krisen als zum Leben dazugehörig und bewältigbar erlebt. Krise bedeutet aber auch, dass man feststeckt, nicht weiterkommt, verharrt zwischen sogenannter Alternativlosigkeit und Sachzwang. Was in den Jahren unter Angela Merkel als Verlust besonders zutage trat, ist ein Gefühl von Zukunftsoptimismus und Gestaltungsspielraum. Obwohl wir uns als Individuen scheinbar so frei entfalten können wie nie zuvor, fühlen wir uns ohnmächtig.

Der Soziologe Steffen Mau sieht darin ein tiefergehendes Problem für unsere Gesellschaft: Es fehle eine Richtung, eine größere Idee, ein Zukunftsbegriff, auf die man sich positiv beziehen kann, damit man nicht nur das Gefühl hat, man wurstelt sich von einem Tag zum anderen durch, stellte er im April 2021 in einem Interview mit der *Berliner Zeitung* fest. Eine solche Idee müsse den Menschen das Gefühl vermitteln, dass es eine positive Richtung gibt, dass es sich lohnt, sich politisch zu engagieren.

Für Gleichstellung als gesellschaftliches Projekt hat Angela Merkel sich nie interessiert. Das gehört zu ihren großen

Versäumnissen. Sie nannte Gleichstellungspolitik nicht »Gedöns«, wie ihr Vorgänger Gerhard Schröder, behandelte sie aber so. Das mag mit ihrer Herkunft zu tun haben, für viele Ostfrauen ihrer Generation ist Gleichberechtigung zwischen Mann und Frau selbstverständlich, weil sie sich aus der Arbeitspraxis im Osten ergab. Sie ließ der Christdemokratin Ursula von der Leyen freie Hand, als diese das Elterngeld und die Elternzeit einführte. Aber sie wehrte sich auch nicht gegen das Betreuungsgeld, ein diametral gegensätzliches Konzept, das auf Initiative der CSU von 2013 bis 2015 bundesweit gezahlt wurde. Es war eine Sozialleistung für Frauen und Familien, die ihre Kinder im zweiten und dritten Lebensjahr zu Hause betreuen wollen. Feuer und Wasser der Familienpolitik. Merkel ließ es laufen. Sie lehnte Frauenquoten lange ab, dann sprach sie 2019 im Interview mit der *Zeit* davon, dass Parität ihr »einfach logisch« erscheine.

Man kann Merkels Agieren in dieser Hinsicht als Kompromissbereitschaft loben oder als Geschicklichkeit, die unterschiedlichen gesellschaftlichen Kräfte in der Balance zu halten. Aber es zeigt eben auch, dass ihr in Sachen Gleichstellung ein eigener politischer Kompass fehlte. Es war ein Thema, was leicht aus dem Blickfeld geriet. Die an dieser Stelle fehlende eigene Agenda führte letztlich zu einem Vakuum, was wiederum jene passive Ungerechtigkeit hervorbrachte, von der Judith Shklar spricht.

Ich habe im vorangegangenen Kapitel beschrieben, warum Frauen- und Kinderrechte zusammen erstritten werden müssen und dass ein Austausch darüber viel stärker im feministischen Diskurs berücksichtigt werden sollte als bisher. Wie wenig ein solcher Ansatz im Bewusstsein verankert ist, zeigt sich auch in der Regierungspraxis und im Pandemiemanagement von Angela Merkel. Hinzu kommt eine persönliche Komponente der ehemaligen Kanzlerin, die eine nicht ganz unerhebliche Rolle zu spielen scheint.

Angela Merkel ist Jahrgang 1954, sie gehört damit einer Generation an, die einen eher funktionalen Blick auf Kinder hat. Fast alle Entscheidungen während der Coronakrise wurden aus der Perspektive der Erwachsenen getroffen. Von Kindern wurde erwartet, dass sie sich anpassen, sich zurücknehmen, sich zusammenreißen. Angela Merkel fiel öfter mit kuriosen Tipps auf, wie zum Beispiel der Empfehlung, Schulkinder sollten sich im Klassenzimmer bei offenem Fenster mit Kniebeugen warmhalten oder auch mal in die Hände klatschen. Das war im Dezember 2020 in einem Interview mit dem Berliner Radiosender Metropol – die Schulen waren noch geöffnet, es musste aber regelmäßig gelüftet werden. Wie kalt es dadurch in den Klassenzimmern wurde, spielte offenbar keine Rolle. Luftfilter hätten Abhilfe schaffen können, ein Bundesprogramm zur Anschaffung wurde aber erst ein halbes Jahr später, im Sommer 2021, beschlossen.

Aus den Beschlüssen zur Bekämpfung der Pandemie lässt sich ein klares Machtgefälle herauslesen: Bei Kindern wird verordnet. Kita- und Schulschließungen wurden festgelegt. Dabei wurde stillschweigend vorausgesetzt, dass vor allem Mütter die zusätzliche Betreuungszeit mit ihren Arbeitszeiten in Einklang bringen. Wann und wie Kinder in den Schulen und Kitas getestet werden, dafür gibt es Vorschriften. Wo sie in ihren Bildungseinrichtungen Masken tragen müssen, dafür gibt es verpflichtende Regeln. In Bezug auf die Wirtschaft wird freundlich gebeten: »Wir bitten die Arbeitnehmerinnen und Arbeitnehmer, diese Angebote (zum Homeoffice) wirklich zu nutzen«, hieß es in der Pressekonferenz von Angela Merkel nach der Ministerpräsidentenkonferenz am 19. Januar 2021. Oder: »Wir bitten die Arbeitgeberinnen und Arbeitgeber, darauf hinzuwirken, dass zur Entzerrung des Fahrgastaufkommens im öffentlichen Personennahverkehr auch Anfangs- und Endzeiten der Arbeit variiert werden.«

Die Versprechen, die Angela Merkel Familien und Kindern machte, konnte sie nicht halten. Am 30. Januar 2021 wandte sie sich in einem Videopodcast an die Familien: »In der Bundesregierung sind wir uns bewusst, wie hart der Alltag für viele Eltern und Kinder ist. Wir setzen alles daran, Kitas und Schulen als Erstes wieder zu öffnen.« Als Erstes wurden dann aber Friseursalons, Geschäfte und Fußballstadien geöffnet. Während in Ländern wie Österreich sehr schnell Testkonzepte in Schulen eingeführt wurden, dauerte es in Deutschland Monate.

Während ihrer Amtszeit maß Angela Merkel den Anliegen von Kindern und Familien wenig Bedeutung bei. Eine Folge davon ist, dass die Armut von Kindern in den vergangenen zehn Jahren laut Paritätischem Wohlfahrtsverband trotz wirtschaftlichen Wachstums anstieg. Das Ziel der großen Koalition, die Kinderrechte wie geplant im Grundgesetz zu verankern, scheiterte im Sommer 2021 sang- und klanglos an semantischen Fragen. Der Kitaplatzausbau schleppte sich dahin. Es fehlten schon vor der Pandemie landauf, landab Lehrerinnen und Lehrer, Erzieherinnen und Erzieher, ohne dass die Bundesregierung Handlungsbedarf sah. Und ja, die Ausbildung wird föderal organisiert, aber der dramatische Mangel trifft das ganze Land.

Auch hier zeigt sich ein Versäumnis oder, wenn man so will, ein blinder Fleck ihrer politischen Herangehensweise an gesellschaftliche Probleme. Hätten Kinder in den vergangenen Jahrzehnten mehr im Zentrum gestanden, wären in der Pandemie Entscheidungen unter der Voraussetzung getroffen worden, dass Kinder ein gleichberechtigter Teil der Gesellschaft sind. Aber schon die Tatsache, dass Kinderärzte, Soziologen,

Psychologen oder Pädagogen nicht zum Beraterkreis der Kanzlerin gehörten, ist ein weiterer Beweis dafür, wie einschneidend dieses Versäumnis ist.

Ob sich im Laufe der Pandemie bei Angela Merkel ein Bewusstsein für diese Versäumnisse gebildet hat? In einer Regierungserklärung vom 9. Dezember 2020 formulierte sie einen moralischen Appell: »Wenn wir jetzt vor Weihnachten zu viele Kontakte haben und es anschließend das letzte mit den Großeltern war, dann werden wir etwas versäumt haben, und das sollten wir nicht tun.« Merkel sprach nicht von »Älteren«, sondern von »Großeltern« und hob damit die familiäre Verbindung hervor. Was für eine Verantwortung für die Kleinsten.

Viele Kinder und Jugendliche haben den moralischen Druck, der auf ihnen lastete, internalisiert. Regina Rätz von der Alice Salomon Hochschule in Berlin hat im Sommersemester 2021 im Rahmen einer Corona-Studie 18- und 19-Jährige befragt. »In den Interviews haben wir festgestellt, dass die jungen Menschen den hohen Druck, der von außen auf ihnen gelastet hat, zu ihrem inneren Druck gemacht haben«, sagt Rätz. »Das hat zu existenziellen Ängsten geführt.«

Angela Merkel sagte zum Ende ihrer Amtszeit, dass ihr die Härte der Entscheidungen durchaus bewusst war. »Dass Kinder in der Pandemie viel zu entbehren hatten, war mir immer klar. Ich habe ja gesagt, wie schwer es mir fiel, dass Kinder nicht zur Schule gehen konnten«, erklärte sie im November 2021 in einem Interview mit der *Süddeutschen Zeitung*. Aus dieser Aussage geht hervor, dass sie den Generationenkonflikt, der durch die Pandemie stärker hervortritt, wahrgenommen hat. »Es waren immer Abwägungen zu treffen: Was zum Beispiel bedeutet das, was den Kindern an Teilhabe genommen wird, für das Leben der Großeltern oder Eltern? Ich habe diese Abwägungen bewusst vorgenommen und stehe dazu.« Sie hat Triage gemacht: Die Kinder mussten für die Eltern und Großeltern verzichten. Doch am Ende haben alle etwas verloren.

Es war nicht Angela Merkels Ziel, aber ihre Politik begünstigte die Entstehung neuer Ungerechtigkeiten in der Pandemie. Wer die bestehenden strukturellen Unterschiede zwischen Männern und Frauen, Alt und Jung übersieht, nimmt die wachsende Ungleichheit und eine Retraditionalisierung des Frauen- und Familienbildes zumindest in Kauf. Die Krise lässt sich eher im Reihenhaus mit Garten und mehreren Laptops überstehen denn als Alleinerziehende in einer kleinen Stadtwohnung ohne Balkon. Sozialforscher sind sich inzwischen einig, dass Frauen und Kinder die größten Verlierer der Pandemie sind.

Es gab in den letzten zwei Jahren keinen Tag, an dem Angela Merkel hätte vor die Presse treten können, um die stundenlang mit Experten ausgehandelte Lösung aller grundsätzlichen Fragen zu präsentieren – und damit die Krise zu beenden. Ihr bewährtes Konzept funktionierte nicht. Die Pandemie ging immer weiter. Ihre Amtszeit endete im Dezember 2021, als die vierte Welle über Deutschland schwappte.

UNSERE NEUEN LEBEN
Ein Ausblick

Wie so viele andere bin ich so erzogen worden, dass der Job das Wichtigste im Leben ist. Was und wo man arbeitet, bestimmt zu einem großen Teil darüber, wer man ist. Der Job ist stark an das Selbstwertgefühl gekoppelt. Das ist tief in der Gesellschaft verankert, Debatten über flächendeckende Arbeitszeitreduzicrung werden oft als unmoralisch empfunden. So etwas traut sich höchstens jemand von den Linken. Wie die Politikerin Katja Kipping. »Die Vier-Tage-Woche macht Beschäftigte glücklicher, gesünder und produktiver«, sagte Kipping im Sommer 2020. Als Anschubfinanzierung könne ein neues Kurzarbeitergeld dienen, jetzt in der Coronakrise sei ein guter Zeitpunkt, um damit anzufangen. Es blieb eine Schlagzeile im Sommerloch.

Viele Menschen, vor allem in der akademischen Mittelschicht, identifizieren sich mit ihrer Arbeitsstelle. Wo man wohnt, wen man kennt, mit wem man befreundet ist, darüber entscheidet die Arbeit. Wenn man auf einer Party jemand Neues trifft, wird man nach drei Minuten gefragt: »Und, was machst du so?« Arbeit gibt Sinn, Selbstbestätigung, prägt Identität. Ich habe gearbeitet, seit ich 16 Jahre alt bin, erst bei einer Lokalzeitung, dann neben dem Studium. Mit 24 unterschrieb ich meinen ersten Vertrag als festangestellte Redakteurin.

Durch die Coronakrise hat sich meine Sicht auf die Arbeit verändert. Das hat etwas mit den gestiegenen Belastungen im Job bei gleichzeitiger Kinderbetreuung zu tun. Im März 2020 und im Dezember 2020 waren die Schulen teilweise wochen- und monatelang geschlossen. Auch wenn sie im Herbst und Winter 2021 geöffnet blieben, gab es doch keinen Normalbetrieb wie vor der Pandemie, manche Schüler hangelten sich von Quarantäne zu Quarantäne, zeigten Symptome, zeigten keine Symptome, wurden krank, wurden nicht krank, aber mussten zu Hause bleiben, sodass der Alltag immer wieder neu organisiert werden musste. Ständig neue Verordnungen und Regeln, Unsicherheit darüber, wie gefährlich die neueste Variante des Virus, Omikron, denn nun wirklich ist.

Ich habe in den letzten zwei Jahren viel darüber nachgedacht, was die Pandemie und die einschneidenden Veränderungen, die sie mit sich brachte, für mein Leben bedeuten, was sich vielleicht daraus ableiten ließe – für die Zukunft.

Auf den ersten Blick wirke ich wie jemand, der bisher gut und erfolgreich durch die Krise gekommen ist: Ich postete Fotos von den Sauerteigbroten, die ich im ersten Lockdown gebacken hatte. Ich bezahlte meine Vorauszahlungen an das Finanzamt. Ich beantwortete Briefe von Fremden, die mir dies und das zu einem Text von mir mitteilen wollten, den sie gelesen hatten. Ich nahm an Teams-Konferenzen teil und sagte Sätze wie: »Du bist eingefroren.« Ich konnte den Unterschied zwischen der Wirkungsweise des Impfstoffs AstraZeneca und BioNTech erklären. Ich sprach im Radio und im Fernsehen über die Pandemie. Ich war »präsent«.

Gleichzeitig fühlte ich mich abwesend, eingefroren. Mein Zeitempfinden veränderte sich. Zeit schien schneller zu vergehen, und doch stillzustehen. Aufstehen, Spülmaschine ausräumen, Kinder für Kita und Schule fertig machen, Videokonferenz, Texte schreiben, schwups, wieder eine Woche rum. Dass die Zeit schneller vergeht, je monotoner das Leben, beschreibt Thomas Mann im »Zauberberg«: »Große Zeiträume schrumpfen bei ununterbrochener Gleichförmigkeit auf eine das Herz zu Tode erschreckende Weise zusammen, wenn ein Tag wie alle ist, so sind sie alle wie einer (...)«

Sein Roman spielt in einem Schweizer Sanatorium, einer abgeschiedenen Welt, in der sich die Zeit verlangsamt, während draußen alles auf den Ersten Weltkrieg zurast. Hans Castorp, Hauptfigur des Buchs, besucht seinen lungenkranken Cousin, und will eigentlich nur drei Wochen bleiben. Doch dann taucht er mehr und mehr in die Atmosphäre der Klinik ein, aus Wochen werden Monate, werden Jahre. Er macht Liegekuren und misst sich ständig die Temperatur.

Nun ist Deutschland kein Lungensanatorium im Hochgebirge, 2021 ist nicht 1913. Und doch schien es mir, als hätte mich Corona aus Raum und Zeit katapultiert und als blickte ich mit einer großen Fremdheit auf das, was mein altes Leben gewesen war. Ich fühlte mich wie auf dem Zauberberg. Statt Fieber zu messen, maß ich die Konzentration bestimmter Eiweiße des Virus SARS-CoV-2.

Noch nie im Leben hatte ich Schlüssel verloren. In der Pandemie verlor ich ständig Schlüssel. Erst verlor ich unseren Wohnungsschlüssel, dann den Fahrradschlüssel und schließlich den Schlüssel zur Nachbarwohnung, den mir meine Nachbarin anvertraut hatte. Und zu guter Letzt verlor ich auch den Ersatzfahrradschlüssel.

Wie konnte das passieren? Mein Bewegungsradius hatte sich in der Pandemie verkleinert, aber in der auf diese Weise kleiner gewordenen Welt gingen offenbar mehr Dinge verloren als vorher. Ich suchte überall nach den Schlüsseln. Hatte ich sie verlegt? Waren sie unter einen Schrank gefallen? Ich rief in dem Café an, in dem ich meinen Kaffee zum Mitnehmen bestellte, und fragte, ob sie einen Schlüssel gefunden hätten. Nein. Der Mann vom Café empfahl mir, das Schloss von meinem Rad aufzusägen.

Warum gingen die Schlüssel verloren? Während ich nach ihnen suchte, fragte ich mich, ob mir mein gewohntes Leben, wie ich es kannte, nicht auch verloren gegangen war?

Was nützte mir mein Wissen über den mRNA-Impfstoff, wenn ich nicht wusste, wie ich mit dem Einkauf und zwei Kindern in die Wohnung kommen sollte, weil ich die Tür nicht aufbekam?

Eine Mutter, die ich aus der Kita meiner Kinder kannte, war auf Kur mit dem Müttergenesungswerk gewesen. Danach hatte sie sich von ihrem Mann getrennt. Als ich sie einmal traf, fand ich, dass sie besser aussah. Glücklicher, reifer, wie eine Entdeckerin, die einen Gipfel erklommen hat. Die Frage nach der Zukunft der Beziehung hatte lange in ihr rumort, erst in der Coronakrise hatte sie die Kraft und Entschlossenheit gefunden, eine Entscheidung zu treffen. Ich schaute in ihr offenes, weiches Gesicht. Standen auch für mich Entscheidungen an? Ich fühlte mich unsäglich gealtert und müde.

Als ich meiner Hausärztin, Mutter zweier Kinder, von den verlorenen Schlüsseln erzählte, fragte sie mich: Sind Sie ständig müde? Sind Sie öfter gereizt? Liegen Mehrfachbelastungen durch Beruf und Familie vor? Vielleicht sollten Sie eine Mutter-Kind-Kur erwägen. Ich fragte: Haben Sie eine Mutter-Kind-Kur gemacht? Nein, sagte sie, ich habe meinen Job im Krankenhaus gekündigt. Vielleicht war es die Hausärztin, die den Anstoß gab, vielleicht auch nicht. Jedenfalls schrieb ich im August 2021 eine Kündigungsmail. Ich habe im 18. Monat der Coronapandemie meine Festanstellung aufgegeben. Eine solche Entscheidung beruht stets auf einer Vielzahl von Gründen, doch mir scheint, als hätten erst die durch die Pandemie veränderten Lebensbedingungen diesen Schritt ermöglicht.

Lizzi Widdicombe hat im Magazin *New Yorker* das Phänomen der Covid-Midlife-Crisis beschrieben. Eine Lebenskrise, verursacht durch Covid. Das Phänomen wird vor allem in den USA beobachtet. Während der Pandemie haben viele Frauen ihren Job verlassen, das zeigen Statistiken, wobei sie keinen Hinweis darauf geben, ob den Frauen gekündigt wurde oder ob sie freiwillig gingen. In Widdicombes Beitrag kommen mehrere Frauen zu Wort, die auf eigenen Wunsch kündigten. Sie sagen, dass Corona für sie ein Weckruf war, und zwar ein ganz persönlicher. Die Coronakrise hat dazu geführt, dass vor allem Frauen und Mütter nicht weitermachen wollen wie bisher. Lizzi Widdicombe beschreibt eine Reihe von Frauen, Managerinnen, Ärztinnen, leitende Angestellte, deren Leben sich im Laufe der Pandemie dramatisch verändert hat. Viele sind von der Stadt aufs Land gezogen, andere haben ihre Festanstellung gekündigt oder ihre Arbeitsstunden reduziert. »Wir überlegen neu, was uns wichtig ist«, zitiert das Magazin eine der Frauen.

In den USA haben seit dem Sommer 2020 Millionen Menschen ihre Jobs aufgegeben, so viele wie nie zuvor auf einen Schlag. Betroffen sind laut *Harvard Business Review* vor allem mittlere Angestellte zwischen 30 und 45, eher privilegierte Menschen, die sich einen Jobwechsel oder eine Auszeit leisten können. Das Phänomen wird in den englischsprachigen Medien als »The Great Resignation« beschrieben, das ist schön doppeldeutig. Man könnte es als »große Kündigungswelle« übersetzen, aber auch als »große Enttäuschung«.

Viele Angestellte gehen, weil sie ausgebrannt sind, unzufrieden, gesundheitlich angeschlagen. Weil sie gemerkt haben, dass ihr Karriereziel vielleicht darin besteht, neben dem Beruf auch noch Zeit für anderes haben zu wollen. Burnout ist ein vielschichtiges Phänomen, das nicht unbedingt durch eine große Stundenzahl hervorgerufen wird, sondern durch mangelnde Anerkennung und fehlende Empathie. Anders gesagt: Wahrscheinlich ist es gesünder, seinen persönlichen Wert nicht am Job auszurichten, andererseits widerspricht das den gängigen Normen.

Die Krise treffe alle Angestellten, aber besonders die weiblichen, heißt es in der aktuellen Studie »Women in the Workplace«, die die Unternehmensberatung McKinsey seit 2016 jährlich durchführt. Im zweiten Jahr der Pandemie ist die Zahl der Frauen, die unter Burnout leiden, weiter gestiegen – und doppelt so hoch wie bei den Männern. Personen of Colour sind eher betroffen als weiße. Jede dritte weibliche Angestellte erwägt mittlerweile, Stunden zu reduzieren oder ganz auszusteigen. 2020 – zu Beginn der Pandemie – waren es nur 25 Prozent der Befragten.

Lareina Yee, eine der Autorinnen der McKinsey-Studie, sagt, dass Frauen schon vor Corona öfter als Männer von Isolation und Erschöpfung am Arbeitsplatz berichtet hatten. Durch die Pandemie sei alles stressiger geworden. Berufstätige Mütter in den USA arbeiten seit Beginn der Krise etwa 16 Stunden mehr pro Woche.

5,3 Millionen Menschen sind weltweit bis Dezember 2021 im Zusammenhang mit dem Coronavirus gestorben. Das entspricht etwa der Einwohnerzahl von Hamburg und Berlin zusammen. Covid hat uns den Tod nähergebracht beziehungsweise unsere Versuche, seine ständige Gegenwart zu verdrängen, scheitern lassen. Der *New Yorker* spricht von einer »kollektiven Nahtoderfahrung«. Solch eine Erfahrung führt dazu, dass man sich überprüft: Wie will ich leben? Womit möchte ich meine Zeit verbringen? Was will ich meinen Kindern mit auf den Weg geben? Im Oktober 2021 habe ich mich selbstständig gemacht, um dieses Buch schreiben zu können.

Anders als in den USA ist in Deutschland bisher keine massenhafte Kündigungswelle zu beobachten. Aber in der Coronakrise haben viele Frauen dauerhaft ihre Stunden im Job reduziert, viele haben sich beruflich zurückgezogen. Ich habe den Satz »Ich bin so erschöpft« sehr oft gehört in dieser Zeit. Und: »Ich will eigentlich nicht mehr so leben wie bisher.«

Immer mehr Frauen haben in der Pandemie kritische Fragen artikuliert. Sie hinterfragen politische Entscheidungsprozesse, ihre Rolle in der Gesellschaft, das Leitbild der Kleinfamilie. Die Pandemie hat angesichts der Ungleichbehandlung von Kindern und Frauen viele Gefühle freigesetzt, Wut, Aggression, Verzweiflung. Sie werden nicht verschwinden, wenn das Virus keine Gefahr mehr bedeutet. Viele Frauen – und vor allem Mütter – hat die Krise politisiert, sie sind fordernder geworden. Sie werden die Rückschritte in Bezug auf Emanzipation und gesellschaftliche Gerechtigkeit, die sich während der Pandemie vollzogen haben, nicht hinnehmen. Und gleichzeitig scheint es ein verändertes Bewusstsein dafür zu geben, dass Fragen der Gleichberechtigung damit verbunden sind, wie wir unser Zusammenleben in Zukunft gestalten wollen. Die Schriftstellerin Christa Wolf hat in ihrem Vorwort zu Maxi Wanders »Guten Morgen, du Schöne« einen hochaktuellen Satz formuliert: »Wir werden uns daran gewöhnen müssen, dass Frauen nicht mehr nur nach Gleichberechtigung, sondern nach neuen Lebensformen suchen.«

Am 15. Dezember 2021 sagte Bundeskanzler Olaf Scholz in seiner ersten Regierungserklärung: »Die Bundesregierung wird nicht einen einzigen Augenblick ruhen, und wir werden jeden nur möglichen Hebel bewegen, bis wir alle unser früheres Leben und alle unsere Freiheiten zurückbekommen haben.«

Das klingt engagiert und ehrgeizig, und man kann auch die Intention hinter diesem Statement verstehen, es soll Mut machen, zum Durchhalten animieren. Und dennoch klingt es für mich wie eine Lüge: Unser früheres Leben? Das kommt nicht mehr zurück, und vielleicht ist das nicht das Schlechteste.

DANK

Ich möchte mich bei denjenigen Menschen bedanken, die an der Entstehung des Buches mitgewirkt haben, mit ihren Anregungen, ihrem Wissen, ihrer Zeit.

Besonders dankbar bin ich meiner Lektorin Maike Nedo vom Ch. Links Verlag. Ohne sie würde es dieses Buch nicht geben. Ich danke außerdem Constanze Neumann, Leiterin der Aufbau Verlage, für ihre Begeisterung, meinem Agenten Matthias Landwehr für seine Begleitung in stürmischen Momenten, Anne Lena Mösken für das Lesen erster Entwürfe. Aus den Gesprächen mit Nelly Dinter und Simone Spandl habe ich viele Anregungen mitgenommen. Praktische Unterstützung leisteten Anna Arndt, Ulrike Felsing, Lea Streisand, Catharina Stahr und Jenny Erpenbeck.

Ich danke auch der Redaktion der *Berliner Zeitung* für die vielen wunderbaren Jahre und die Möglichkeiten, dort meine Texte zu veröffentlichen.

Last but not least: Ich danke meiner Familie, besonders meinem Mann Ivan, der sich mit mir durch Pandemie und Patriarchat kämpft.

QUELLENVERZEICHNIS

Ahlers, Elke/Mierich, Sandra/Zucco, Aline: Homeoffice. Was wir aus der Zeit der Pandemie für die zukünftige Gestaltung von Homeoffice lernen können, WSI-Report, Nr. 65/2021, online abrufbar: https://www.econstor.eu/handle/10419/233635

AllBright Stiftung (Hg.): Aufbruch oder Alibi? Viele Börsenvorstände erstmals mit einer Frau, Pressemitteilung, 27.10.2021

Allmendinger, Jutta: Zurück in alte Rollen. Corona bedroht die Geschlechtergerechtigkeit, WZB-Mitteilungen, Nr. 168/2020

Arp, Susmita/Friedmann, Jan/Olbrisch, Miriam: Die Kita-Mütter. Bilanz der Familienpolitik, Spiegel Online, 28.9.2021

Backes, Laura/Becker, Tobias: »Homeoffice hindert Frauen am Karrieremachen«, Interview mit Jutta Allmendinger, Der Spiegel, 4.1.2021

Bastin, Sonja/Unzicker, Kai: Verlieren die Eltern ihr Vertrauen? Belastungen und Politikvertrauen während der Corona-Pandemie nach Familienkontext, Evangelische Jugendhilfe, Nr. 1/2022

Beaujouan, Eva/Berghammer, Caroline: The Gap Between Lifetime Fertility Intentions and Completed Fertility in Europe and the United States. A Cohort Approach, Population Research and Policy Review, Nr. 38/2019

Berufsverband der Kinder- und Jugendärzte: Pauschales Verbot von Präsenzunterricht ist medizinisch nicht gerechtfertigt!, Pressemitteilung, 22.5.2020

Berufsverband der Kinder- und Jugendärzte: Kinder- und Jugendmedizin zur aktuellen Corona-Lage in Schulen und Kitas, Pressemitteilung, 10.9.2021

Blömer, Maximilian Joseph/Litsche, Simon/Peichl, Andreas: Gutachten zum Reformvorschlag »Kindergrundsicherung«, ifo Institut, München 2021

Bollmann, Ralph: Angela Merkel. Die Kanzlerin und ihre Zeit, München 2021

Böttcher, Sabine: Kitas und Kindererziehung in Ost und West, Bundeszentrale für politische Bildung, 18.8.2020, online abrufbar: https://www.bpb.de/geschichte/deutsche-einheit/lange-wege-der-deutschen-einheit/47313/kitas-und-kindererziehung

Bude, Heinz: Solidarität. Die Zukunft einer großen Idee, Hamburg 2019

Bude, Heinz: Bildungspanik. Was unsere Gesellschaft spaltet, Hamburg 2011

Bujard, Martin/von den Driesch, Ellen/Ruckdeschel, Kerstin/Laß, Inga/Thönnissen, Carolin/Schumann, Almut/Schneider, Norbert F.: Belastungen von Kindern, Jugendlichen und Eltern in der Corona-Pandemie, Bundesinstitut für Bevölkerungsforschung, Wiesbaden 2021, online abrufbar: https://www.bib.bund.de/Publikation/2021/Belastungen-von-Kindern-Jugendlichen-und-Eltern-in-der-Corona-Pandemie.html?nn=9751912

Bundesministerium für Bildung und Forschung (Hg.): Bildung in Deutschland 2020. Ein indikatorengestützter Bericht mit einer Analyse zu Bildung in einer digitalisierten Welt, online abrufbar: https://www.bildungsbericht.de/de/bildungsberichte-seit-2006/bildungsbericht-2020/bildung-in-deutschland-2020

Bundesministerium für Familie, Senioren, Frauen und Jugend (Hg.): Väterreport. Update 2021, Berlin, 5.11.2021, online abrufbar: https://www.bmfsfj.de/bmfsfj/service/publikationen/vaeterreport-update-2021-186180

Busemeyer, Marius R./Neimanns, Erik: Conflictive preferences towards social investments and transfers in mature welfare states. The cases of unemployment benefits and childcare provision, Journal of European Social Policy, Nr. 27/2017

Busemeyer, Marius R./Goerres, Achim/Weschle, Simon: Attitudes towards redistributive spending in an era of demographic ageing: the rival pressures from age and income in 14 OECD countries, Journal of European Social Policy Nr. 19/2009

Busemeyer, Marius R./Lober, Dominik: Between Solidarity and Self-Interest. The Elderly and Support for Public Education Revisited, Journal of European Social Policy, Nr. 49/2020

Carbon, Claus-Christian: Masken erschweren es, Mimik zu lesen, 28.5.2020. Online abrufbar: https://www.uni-bamberg.de/presse/pm/artikel/masken-erschweren-mimik-lesen/

Conradi, Friedrich: Stehen wir vor einer Bildungskatastrophe, Herr Zierer?, Interview mit Klaus Zierer, Berliner Zeitung, 23.7.2021

Cook, Ian: Who's driving the great resignation, Harvard Business Review, 15.9.2021, online abrufbar: https://hbr.org/2021/09/who-is-driving-the-great-resignation

Dabrock, Peter: Sind Kinder keine Menschen?, Spiegel Online, 6.7.2021

Daminger, Allison: The Cognitive Dimension of Household Labor, American Sociological Review, 7/2019, online abrufbar: https://journals.sagepub.com/doi/10.1177/0003122419859007

Domscheit-Berg, Anke: Familienpolitik in Ost- und Westdeutschland und ihre langfristigen Auswirkungen, Heinrich-Böll-Stiftung, 9.12.2016

Duras, Marguerite: Practicalities, London 1990

Freud, Erez/Stajduhar, Andreja/Rosenbaum, Shayna R./Avidan, Galia/Ganel, Tzvi: The COVID-19 pandemic masks the way people perceive faces, PsyArXiv Preprints, 13.7.2020, online abrufbar: https://psyarxiv.com/zjmr8/

Garsoffsky, Susanne/Sembach, Britta: Der tiefe Riss. Wie Politik und Wirtschaft Eltern und Kinderlose gegeneinander ausspielen, München 2017

Greffrath, Matthias: Was die Schule der Zukunft leisten sollte, Deutschlandfunk, 27.6.2021

Grill, Markus/Janisch, Wolfgang: Höchstes Gericht berät über Schulschließungen, Süddeutsche Zeitung, 19.11.2021

Gröschner, Annett: Berolinas zornige Töchter. 50 Jahre Berliner Frauenbewegung, Berlin 2018

Hammerschmid, Anna/Schmieder, Julia/Wrohlich, Katharina: Frauen in Corona-Krise stärker am Arbeitsmarkt betroffen als Männer, DIW-Wochenbericht, Nr. 42/2020

Hans-Böckler-Stiftung: Studien zu Homeoffice und mobiler Arbeit 2020–2021, online abrufbar: https://www.boeckler.de/de/auf-einen-blick-17945-Auf-einen-Blick-Studien-zu-Homeoffice-und-mobiler-Arbeit-28040.htm

Hans-Böckler-Stiftung: Erwerbspersonenbefragung im Corona-Sommer 2021, Pressemitteilung, 3.8.2021, online abrufbar: https://www.boeckler.de/de/pressemitteilungen-2675-weniger-erwerbstatige-furchten-um-job-belastungsgefuhle-sinken-aber-hohe-unzufriedenheit-34600.htm

Häusermann, Silja/Ares, Macarena/Bürgisser, Reto: Attitudinal Polarization Towards the Redistributive Role of the State in the Wake of the

COVID-19 Crisis, Journal of Elections, Public Opinion and Parties, Nr. 31/1, 15.6.2021, online abrufbar: https://www.tandfonline.com/doi/full/10.1080/17457289.2021.1924736

Häusermann, Silja/Pinggera, Michael/Enggist, Matthias/Ares, Macarena: Class and social policy in the knowledge economy, European Journal of Political Research, 22.5.2021, online abrufbar: https://ejpr.onlinelibrary.wiley.com/doi/abs/10.1111/1475-6765.12463

Herrmann, Boris: »Drittklässler werden weder richtig lesen können noch die Buchstaben kennen«, Interview mit Bernd Siggelkow, Süddeutsche Zeitung, 18.1.2021

Hipp, Lena/Bünning, Mareike: Parenthood as a driver of increased gender inequality during COVID-19? Exploratory evidence from Germany, European Societies, 22.10.2020, online abrufbar: Full-text-article-Hipp-et-al-Parenthood as-a.pdf

Hochschild, Arlie: The second shift. Working Families and the Revolution at Home, New York 2012

Homeoffice bremst Frauen aus, Gespräch mit Yvonne Lott, Westdeutscher Rundfunk, 26.11.202, online abrufbar: https://www1.wdr.de/mediathek/audio/wdr5/wdr5-politikum-gespraech/audio-home office-bremst-frauen-aus-100.html

Huebener, Mathias/Danzer, Natalia/Pape, Astrid/Spieß, Katherina C./Siegel, Nico A./Wagner, Gerd G.: Cracking under Pressure? Gender Role Attitudes toward Maternal Employment in Times of a Pandemic, Institute of Labor Economics, Discussion Paper Nr. 14471, Juni 2021, online abrufbar: https://www.iza.org/publications/dp/14471/cracking-under-pressure-gender-role-attitudes-toward-maternal-employment-in-times-of-a-pandemic

Infektionsschutz in Kitas und Schulen. Stellungnahme der Deutschen Gesellschaft für Krankenhaushygiene (DGKH) und der Deutschen Gesellschaft für Pädiatrische Infektiologie (DGPI). Update, 13.9.2021, online abrufbar: https://www.krankenhaushygiene.de/pdfdata/2021-09-13-Stellungnahme-DGPI-DGKH.pdf

Jäkel, Julia: Zurück in der Männerwelt, Zeit Online, 29.4.2020

Jessen, Jonas/Spieß, Katharina C./Wrohlich, Katharina: Sorgearbeit während der Corona-Pandemie. Mütter übernehmen größeren Anteil – vor allem bei schon zuvor ungleicher Aufteilung, DIW-Wochenbericht, Nr. 9/2021

Kaiser, Mareice: Das Unwohlsein der modernen Mutter, Berlin 2021

Kiesel, Robert: Liste systemrelevanter Berufe umfasst jetzt 31 Seiten, Der Tagesspiegel, 2.4.2021

Kinder- und Jugendärzte sehen enorme »psychiatrische Erkrankungen«, Zeit Online, 18.5.2021

Klemm, Klaus: Alle Jahre wieder. Zur Konstanz sozialer Ungleichheit in und durch Deutschlands Schulen, Deutscher Gewerkschaftsbund, Abteilung Bildungspolitik und Bildungsarbeit, Expertise, 23.8.2021

Kohlrausch, Bettina: Gleichberechtigung während der Pandemie, Wirtschaftsdienst. Zeitschrift für Wirtschaftspolitik, 101. Jahrgang, Heft 10/2021

Kohlrausch, Bettina/Zucco, Aline: Die Corona-Krise trifft Frauen doppelt, Wirtschafts- und Sozialwissenschaftliches Institut, Policy Brief Nr. 40, 5/2020

Körte, Peter: »Es sind nicht alle gleichermaßen betroffen«, Interview mit Rahel Jaeggi, Frankfurter Allgemeine Zeitung, 19.1.2021

Lambert, Anne/Girard, Violaine/Gueralt, Elie: Socio-Economic Impacts of COVID-19 on Working Mothers in France, Frontiers of Sociology, 17.12.2021, online abrufbar: https://www.frontiersin.org/articles/10.3389/fsoc.2021.732580/full

Leopoldina. Nationale Akademie der Wissenschaften: Ökonomische Konsequenzen der Coronavirus-Pandemie, Stellungnahme, Juli 2021, online abrufbar: https://www.leopoldina.org/uploads/tx_leopublication/2021_Ökonomische_Konsequenzen_der_Coronavirus-Pandemie.pdf

Lessenich, Stephan: Allein solidarisch? Über das Neosoziale an der Pandemie, in: Volkmer, Michael/Werner, Karin (Hg.): Die Corona-Gesellschaft, Analysen zur Lage und Perspektiven für die Zukunft, Bielefeld 2020

Lietzmann, Torsten/Wenzig, Claudia: Welche Vorstellungen über die Vereinbarkeit von Beruf und Familie bestehen, Institut für Arbeitsmarkt- und Berufsforschung, Kurzbericht, 10/2017, online abrufbar: https://doku.iab.de/kurzber/2017/kb1017.pdf

Mayer, Tilmann/Rösler, Wiebke: Der »Paradigmenwechsel« zur Einführung des Elterngeldes und seine Fehlkonstruktionen, Zeitschrift für Familienforschung, Heft 2, Leverkusen-Opladen 2013

McKinsey: Women in the workplace 2021, New York 2021

Menkens, Sabine: Vernachlässigung, Gewalt, Missbrauch – das Kinderleid im Corona-Jahr, Die Welt, 21.7.2021, online abrufbar: https://www.

welt.de/politik/deutschland/article232648389/Vernachlaessigung-Gewalt-Missbrauch-das-Kinderleid-im-Corona-Jahr.html

Meyer, Berthold et al.: Employee psychological well-being during the COVID-19 pandemic in Germany. A longitudinal study of demands, resources, and exhaustion, International Journal of Psychology, 21.2.2021, online abrufbar: https://onlinelibrary.wiley.com/doi/10.1002/ijop.12743

Munzinger, Paul: Warum es so schwer ist, benachteiligten Schulen zu helfen, Süddeutsche Zeitung, 1.12.2021

OECD: The State of Global Education. 18 Months into the Pandemic, 16.9.2021, online abrufbar: https://www.oecd-ilibrary.org/education/the-state-of-global-education_1a23bb23-en

Osterloh, Falk: Das stille Leiden der Kinder und Jugendlichen in der Coronapandemie, Ärzteblatt, 39/2021

Pandemie drängte Mütter zur Arbeit am Wochenende, Frankfurter Allgemeine Zeitung, 20.7.2021

Reckwitz, Andreas: Die Pflicht ruft, Die Zeit, 15.12.2021

Rennefanz, Sabine: Mutter to go. Zwischen Baby und Beruf, München 2019

Rennefanz, Sabine: Frauen im Corona-Stress: »Ich fühle mich für alles verantwortlich«, Berliner Zeitung, 12.4.2020

Rennefanz, Sabine: Die Schwäche der Ministerin Franziska Giffey, Berliner Zeitung, 23.5.2020

Rennefanz, Sabine: Corona-Eltern: Grüße aus der Folterkammer, Berliner Zeitung, 19.12.2020

Rennefanz, Sabine: Gleichberechtigung wurde in der Krise ganz schnell wieder vergessen, Berliner Zeitung, 6.5.2020

Rennefanz, Sabine: Eltern in der Krise: ein freundlicher Orkan, Berliner Zeitung, 17.4.2021

Rennefanz, Sabine: Stell dich auf Homeschooling im Herbst ein, Berliner Zeitung, 25.7.2021

Rennefanz, Sabine: Über das Älterwerden in der Pandemie zwischen Zauberberg und Soho House, Berliner Zeitung, 6.2.2021

Rennefanz, Sabine: Wie werden wir weniger mütend, Herr Mau?, Interview mit Steffen Mau, Berliner Zeitung, 12.4.2021

Rennefanz, Sabine: Die Wut, die Angst und die Verzweiflung der Eltern, Berliner Zeitung, 9.1.2021

Rennefanz, Sabine: Sind alle auch so erschöpft hier?, Der Tagesspiegel, 10.10.2021

Rudzio, Kolja: Der Generationenvertrag ist unfair, Die Zeit, 11.11.2021
Runciman, David: Votes for children! Why we should lower the voting age to six, The Guardian, 19.11.2021
Samtleben, Claire/Müller, Kai-Uwe/Lott, Yvonne: Auswirkungen der Ort-Zeit-Flexibilisierung von Erwerbsarbeit auf informelle Sorgearbeit im Zuge der Digitalisierung, Dritter Gleichstellungsbericht der Bundesregierung, Expertise, Februar 2020
Schmidt, Renate: Lasst unsere Kinder wählen, München 2013
Schutzbach, Franziska: Die Erschöpfung der Frauen. Wider die weibliche Verfügbarkeit, München 2021
Scott, Linda: Das weibliche Kapital, Hamburg 2020
Senatsverwaltung für Bildung, Jugend und Familie: Kein Präsenzunterricht an Schulen ab Mittwoch – eindringlicher Appell an Kita-Eltern, Pressemitteilung, 13.12.2020
Senatsverwaltung für Bildung, Jugend und Familie: Kitas stellen auf Notbetrieb um: Liste systemrelevanter Berufe und soziale Aspekte entscheidend für Betreuung, Pressemitteilung, 20.1.2021
Shklar, Judith N.: Über Ungerechtigkeit. Erkundungen zu einem moralischen Gefühl, Berlin 2021
Siems, Dorothea: Warum deutsche Frauen ihre Kinderwünsche auf Eis legen, Die Welt, 5.8.2019
Stokowski, Margarete: Woher kommt der Kinderhass?, Spiegel Online, 11.5.2021
Thiessen, Barbara/Brückner, Margrit/Fleischer, Eva/Gather, Claudia/Jurczyk, Karin/Luck, Frank/Rerrich, Maria S./Weicht, Bernhard: Großputz! Care nach Corona neu gestalten. Ein Positionspapier zur Corona-Krise aus Deutschland, Österreich, Schweiz, August 2020, online abrufbar: https://blog.feministische-studien.de/2020/08/grossputz-care-nach-corona-neu-gestalten/
Thießen, Malte: Auf Abstand. Eine Gesellschaftsgeschichte der Coronapandemie, Frankfurt am Main 2021
Tooze, Adam: Welt im Lockdown. Die globale Krise und ihre Folgen, München 2021
Unicef: Corona-Pandemie ist die größte Krise für Kinder seit Gründung von Unicef, Unicef-Report zu weltweiten Folgen von Covid-19 für Kinder, 9.12.2021

Vorsamer, Barbara: »Kitas und Schulen haben oberste Priorität«, Süddeutsche Zeitung, 18.5.2021

Vorsamer, Barbara: Mutti macht das schon, Süddeutsche Zeitung, 4.5.2020

Wall, John: Give children the vote. On Democratizing Democracy, New York 2021

Widdicombe, Lizzi: The Rise of the Covid Midlife Crisis. Why are so many women leaving corporate America?, The New Yorker, 14.8.2021, online abrufbar: https://www.newyorker.com/culture/dept-of-returns/the-rise-of-the-covid-midlife-crisis

Wiesner, Claudia: Das Konjunkturpaket der Bundesregierung und seine Auswirkungen auf Frauen und Männer, ZBW Leibniz-Informationszentrum Wirtschaft, Wirtschaftsdienst. Zeitschrift für Wirtschaftspolitik, 101. Jahrgang, Heft 1, 2021

Wilkoszewski, Harald: Age Trajectories of Social Policy Preferences. Support for Intergenerational Transfers from a Demographic Perspevtive, Max-Planck-Institut für demografische Forschung, MPIDR Working Paper 034/2009, online abrufbar: https://www.demogr.mpg.de/papers/working/wp-2009-034.pdf

Wößmann, Ludger/Freundl, Vera/Grewenig, Elisabeth/Lergetporer, Philipp/Werner, Katharina/Zierow, Larissa: Bildung in der Coronakrise. Wie haben die Schulkinder die Zeit der Schulschließungen verbracht, und welche Bildungsmaßnahmen befürworten die Deutschen, ifo Institut, Schnelldienst, Nr. 9, 73/2020, online abrufbar: https://www.ifo.de/publikationen/2020/aufsatz-zeitschrift/bildung-der-coronakrise-wie-haben-die-schulkinder-die-zeit

Wößmann, Ludger/Werner, Katharina: Will the Covid-19 Pandemic Leave a Lasting Legacy in Children's Skill Development?, ifo Institut, CES ifo Network, Working Paper Nr. 9358, München 2021, online abrufbar: https://www.cesifo.org/de/publikationen/2021/working-paper/legacy-covid-19-education

Zierer, Klaus: Ein Jahr zum Vergessen. Wie wir die Bildungskatastrophe nach Corona verhindern, Freiburg im Breisgau 2021

Zucco, Aline/Lott, Yvonne: Stand der Gleichstellung. Ein Jahr mit Corona, Wirtschafts- und Sozialwissenschaftliches Institut, Report Nr. 64, März 2021

Zucker, Lou: Was Ihre Care-Arbeit wert ist (und warum Sie niemand bezahlt), Spiegel Online, 8.3.2021

Alle Weblinks gesehen: 26.1.2022

Wenn nicht anders gekennzeichnet, hat die Autorin die Interviews für dieses Buch selbst geführt. Zusätzliche Informationen stammen unter anderem aus Gesprächen mit Bahar Aslan, Asha Hedayati, Bettina Kohlrausch, Heike Ohlbrecht, Ludger Wößmann. Die Autorin bedankt sich für die Anregungen.